이 책은 신유물론이다

브뤼노 라투르, 로지 브라이도티,
제인 베넷, 도나 해러웨이, 카렌 바라드의 생각

이 책은 신유물론이다

심귀연 지음

날

인간은 오랫동안 자연을 착취해 왔습니다. 산을 파헤쳐 골프장을 만들고, 터널을 뚫었습니다. 바다를 메워 소유할 땅을 더 넓혔고, 많은 고기를 만들기 위해 공장식 축사를 지었고, 아름다움을 유지하고자 동물실험을 마다하지 않았습니다.

인구가 증가한다는 것은 착취 또한 심각해져 간다는 의미입니다. 지구 온난화로 인한 이상기후 현상은 바로 이런 착취의 결과이지요. 그런데도 우리는 편리함을 포기하지 않았고, 마치 지금이 아니면 가질 수 없는 것처럼 누릴 수 있는 모든 것을 누리며 살아왔습니다. 그로 인해 지구 곳곳에서는 연일 홍수가 일어나고 산불이 번지고, 바이러스가 창궐했습니다. 우리가 알던 자연이 아닙니다.

사실 자연은 본질적으로 우리 자신인데 말입니다. 우리는 자신이 누구인지 알려 하지 않은 채, 자신을 부정하며 '죽여' 온 것입니다. 기후위기로 벌어지는 일들을 보면서야 자연을 보호하는 것이 자신을 보호하는 일임을 깨닫고 있습니다. 인간은 곧 자연입니다.

한동안 학계에서는 '인류세'를 놓고 논의했습니다. 지질 환경이 변하고 기후위기가 닥치면서 생태계 전체가 위험해졌지요. 그 주원인이 '인간'에게 있다고 진단했습니다. 하지만 국제지질학연합International Union of Geological Sciences은 지난 3월, 인류세 도입안을 부결했습니다. 인류세를 아직은 공식적인 지질시대로 받아들일 수 없다는 입장이지요.

그렇더라도 인류세는 그간의 우리 삶을 돌아보는 계기가 되었음은 분명합니다. 이 책에서는 인류세라는 말이 등장한 배경에 관심을 가지면서 신유물론이 무엇인지 살펴보려고 합니다. 이 과정을 통해 우리가 그동안 놓쳤던 것이 무엇인지 찾아볼 것입니다.

신유물론은 학계에서도 이제 막 주목하기 시작한 이론입니다. 하지만 보통의 사람들에게로도 알려지면 좋을 철학이라고 생각합니다. 지구의 모든 존재가 함께 어우러져 살 방법을 모색하는 것이기 때문이지요. 신유물론은 사소하고 사소해서 아무것도 아니라고 생각했던 것들에도 관심을 기울이고 그것들과 함께 더불어 살아가는 공생의 길을 제시합니다.

신유물론은 개인적으로 관심이 많았던 주제였는데, 마침 원고 청탁을 받아 무척 반가웠습니다. 근대의 이분법은 많은 문제를 야기했습니다. 이 이분법 구조로 인해 발생한 문제들에 관심이 많습니다. 이분법을 해체하고 새롭게 무엇인가를 정립하려면 어떻게 해야 하는지 계속 연구하고 있습니다. 좀 더 연구를 확장하기 위해 학교 바깥에 연구소 설립을 구상했고, 2022년 11월 소설가이자 문화평론가인 김운하 선생님과 공동대표로 오이코스 연구소를 열게 되었지요. 오이코스 Oikos는 고대 그리스어로 '집', '사는 곳', '집안 살림' 등을 뜻합니다. 오이코스인문연구소oikos-lab.com는 사람과 자연과 모든 사물이 공생하는 세상을 실현하기 위해 연구하는 '집'입니다. 다양한 분야의 연구자, 일반 회원들이 모여 연구하고 활동하는 '공부하는 놀이터'이기도 하지요. 이 책을 쓰는 데 힘이 되어 준 연구소 회원들께 감사의 마음을 전합니다. 특히 김운하 선생님께 감사드립니다.

차례

1장. 물질에 대한
새로운 사유

유물론과
신유물론

신유물론은 유물론에 새로울 '신新' 자가 붙은 말입니다. 무엇이 새롭다는 것일까요? '물질'을 바라보는 태도가 새롭다는 뜻입니다. 그 전에는 물질을 어떻게 바라보았기에 새롭다는 것일까요? 신유물론 이전의 유물론에 대해 간략히 살펴보면 궁금증이 풀릴 듯합니다.

유물론은 고대 그리스 자연철학자들이 만든 개념입니다. 탈레스, 엠페도클레스, 데모크리토스 등이 그들입니다. 탈레스는 '서양 철학의 아버지'라고 하지요. 만물의 근원을 '물'이라고 했습니다. 엠페도클레스는 물·불·흙·공기라고 했고, 데모크리토스는 원자와 공간으로 보았습니다. 원자는 더는 쪼개질 수 없는 물질이란 점에서 데모크리토스를 진정한 최초의 유물론자라고 보기도 합니다.

유물론자들은 만물의 궁극적인 실재를 '물질'로 생각했습니다. 정신은 물질의 부수적인 것으로 여겼지요. 정신적이고 관념적인 모든 것도 물질로 환원해 설명했던 것입니다. 이를테면 사랑이란 감정도 우리 몸의 일부인 두뇌에서 분비된 화학물질인 도파민의 작용 결과라고 보는 식이지요.

철학사에서 몸과 마음의 문제는 오랫동안 고민거리였습니다. 몸과 마음의 두 갈래에서 몸 즉 물질에 우선을 두는 것이 유물론이고, 마음에 우선을 두는 것이 유심론입니다. 반면 무엇이 '실재', 즉 정말로 존재하는 것인가의 문제에서 실재가 마음 바깥에 있는 물질이라고 한다면 '유물론적 실재론'이 되고, 그 반대는 '관념론적 실재론'이 되겠습니다. 이 '실재'가 어디에 있느냐는 신유물론에서 매우 중요한 문제입니다.

실재와 관념은 무엇일까요. 관념은 보통 생각, 사상 등을 말합니다. 사랑을 예로 들어 보겠습니다. 사랑이 한낱 주관적인 생각이 아니라 실재성을 지니려면 어떻게 해야 할까요? 변하지 않는 본질로서 '사랑'이라는 이상적인 관념이 있어야 합니다. 사랑하는 사이라면서 현실에서 우리는 늘 불안해합니다. '진정한 사랑은 변하지 않는다'는 믿음이라도 있어야 그 불안에서 벗어날 수 있습니다. '사랑'에 대한 관념은 이런 배경에서 만들어진 것일지 모르겠습니다.

다른 예를 들어 보겠습니다. 패밀리레스토랑에서 가족으로 보이는 사람들이 둘러앉아 화기애애하게 이야기를 나누며 저녁을 먹습니다. 그 모습을 보고 우리는 '행복'이란 단어를 떠올립니다. 하지만 실제 그들이 행복한지는 알 수 없습니다. 우리 자신이 만들어 놓은 행복이라는 관념에 그 모습을 끼워 맞춘 것뿐이지요.

'실재'는 마음먹기와 상관없이 존재해야 합니다. 예를 들어 내 앞에 '책' 한 권이 있다면, 내가 그렇게 생각하든 아니든 책은 있어야 합니다. 그 책을 펼칩니다. 책의 '실재'를 의심하지 않습니다. 그럼에도 우리는 물질을 허상이라고 생각합니다. 언젠가 사라지고 말 것이니까요. 아무리 조심스럽게 읽고 들고 다녀도 책은 언젠가 손상됩니다. 표지가 낡아 떨어져 나가기도 합니다. 하지만 우리에게 책은 그렇게 변한 책이 아니라 '책'이라는 관념으로 존재합니다. 행복도 마찬가지고요. 관념이 실재인 것이지요. 이렇게 생각하는 이들을 관념론자라고 합니다.

관념은 우리 마음에 맺힌 표상입니다. 표상에는 '개념' 즉 '이름'이 붙습니다. 아무 생각 없이 걷다 보면 모르고 지나치는 것이 많습니다. 그래서 관심을 가져야 보인다고 하지요. 보이는 것들은 '관념'으로 기억됩니다. 관념론자들은 대상 자체보다는 대상을 지각한 의식에 더 집중합니다. 일례로 영국의 철학자 버클리Berkeley, 1685~1753는 우리에게 지각된 것만이 존재한다고 말합니다. 지각되지 않은 것은 존재하지 않는 것이지요. 지금 내 책상에서 고양이가 골골거리며 자고 있습니다. 내가 고양이를 지각하고 있기 때문에 존재하는 것입니다. 만일에 아무도 그 고양이를 지각하지 않는다면 고양이는 존재하지 않는 것과 같습니다. 버클리에게 지각되지 않은 실재는 존재하지 않습니다.

독일 철학자 칸트Kant, 1724~1804는 버클리와 달리 의식 밖의 실재를 부정하지는 않습니다. 그러나 의식 밖의 것이 무엇인지는 알 수 없다고 말합니다. 칸트는 존재하지만 알 수 없는 그것을 '물자체'라고 했지요. 칸트에 따르면 인간은 각자의 안경을 쓰고 있습니다. 파란색 안경을 쓰면 파랗게 보일 수밖에 없다는 것입니다. 우리는 결코 그 안경을 벗지 못할 뿐입니다.

실재와 관념이 무엇인지 살펴보았습니다. 한번 더 정리하면, 이렇습니다. 실재론은 우리에게 알려진 것과 상관없이, 다시 말해 우리가 의식하지 않더라도 의식 바깥에 독립적으로 존재하는 것이 있다고 말합니다. 반면 관념론은 정신적인 것 혹은 비물질적인 것에서 실재의 기원을 찾습니다. 대개의 유물론자는 실재론자들이며, 관념론자들은 유심론자들입니다. 그럼에도 둘의 공통점은 모두 '실재'가 무엇인지에 대해 관심을 가진다는 것입니다.

무엇이
실재일까

　그럼, 도대체 무엇이 '실재'일까요. 정신적인 것일까요, 아니면 물질적인 것일까요? 실재를 무엇으로 보느냐에 따라 이론들을 분류할 수 있겠습니다. 우리 대부분은 실재론자입니다. 창밖에서 빗소리가 들리면 창을 열어 빗소리를 감상합니다. 단 한순간도 이 빗소리를 의심하지 않습니다. 길에 있던 돌멩이를 걷어챘더니 발이 아픕니다. 돌멩이가 길바닥에 있다는 건 의심의 여지가 없습니다. 돌멩이가 아니라면 발이 아플 리가 없을 테니까요!

　하지만 '감각'을 의심하는 순간, 더는 실재론자로 머물지 못합니다. 정말로 그것은 '빗소리'일까? 이 물음에 우리는 잠시 머뭇거립니다. 어쩌면 착각한 것일 수도 있으니까요. 걷어챘던 돌멩이를 집어 들어 꼼꼼히 살펴봅니다. 돌멩이가 정말 확실한가? 발이 아픈 건, 내 몸의 신경계에서 그렇게 느꼈을 뿐이지 않은가. 돌멩이 색, 무게, 촉감, 부피감, 이 모든 것은 경험을 통해 지각한 것일 뿐인데, 그것이 정말 돌멩이와 일치

할까? 돌멩이와 나의 지각이 '일치'한다는 것을 무엇으로 보장할 수 있을까? 즉 내 감각 기관으로 지각된 돌멩이는 과연 존재하는 것일까? 이런 질문을 던지는 순간, 인식론과 존재론에 발을 내디딘 것입니다. 이제 '인식론'이 무엇인지 알아보겠습니다.

인식론이
보지 못한 것

　인식론은 안다는 것이 무엇인지, 어떻게 알게 되고, 어디까지 알 수 있는지 등을 탐구합니다. 근대에 형성되었습니다. 의식을 가진 존재를 '주체'로, 의식을 가지지 않은 존재를 '대상'으로 여기고, 주체가 대상을 '파악'한다고 보는 이론입니다. 이분법에 근거하고요. 인식론자들은 빗소리와 돌멩이 사례처럼 우리의 감각을 의심하라고 말합니다. 왜냐하면 감각은 우리를 충분히 속일 수 있으니까요. 이 까다로운 인식론자들은 끊임없이 의심합니다. 의심의 대가들이라고나 할까요.

　세상을 올바로 인식하려면, 무엇에 의지해야 할까요? 근대 철학을 연 데카르트Descartes, 1596~1650는 놀라운 생각을 해냅니다. 보고 듣는 모든 것을 의심해 보는 것입니다. 정말로 의심해서가 아니라, '진짜 세상'을 발견하는 방법을 발견하기 위해서이지요. 마침내 데카르트는 이런 깨달음에 이릅니다. 내가 지금 '생각하고 있다는 사실' 자체는 의심할 수 없는 것 아닌가! 빨간 사과를 보고 시원한 바람을 느끼는 '나'만은 확실한 것 아닌가! 여기서 그 유명한 "나는 생각한다, 그러므로 존재한다"는 명제가 도출된 것이지요. 이로 인해 이제 '실재'는 물질적인 것을 벗어나 생각하는 나의 '의식' 속에 갇혀 버립니다. 이것이 '유아론'입니다.

한번 의심이 시작되면 정말 끝이 없습니다. 인식론자들은 믿을 수 있는 것, 확실한 것은 바로 인식하고 있는 마음, 우리의 '주관'밖에 없다고 주장하기 시작합니다. 신이 보증을 서던 중세철학 이후 서양 철학은 오랫동안 그야말로 '인식론의 포로'가 되고 맙니다.

인간이 확신할 수 있는 것은 오직 인간이 사유할 수 있는 능력, 즉 이성적 영혼을 가졌다는 사실뿐입니다. 이런 태도는 세계를 딱 둘로 나눕니다. 인간의 영혼과 정신, 그리고 그런 것이 없는 순수한 물질적인 세계로 말입니다. 여기서 물질엔 몸도 포함됩니다. 이 물질들은 철저히 자연의 인과 법칙으로 움직이는 기계로 보았고요.

모두 알고 있듯이 기계는 외부에서 충격이나 힘이 가해져야만 움직입니다. 따라서 물질은 수동적이고 활력이 없는, 한마디로 '죽은 물질'로 전락합니다. 스스로 운동하고 변화할 힘이 없는 것이지요. 스스로 운동하고 변화할 수 있는 속성은 오직 영혼을 가진 주체인 인간 존재에게만 있다고 여겼습니다! 영혼은 이제 인간의 우월함을 보증해 주는 백지수표가 되었습니다.

앞서 말했듯이 인식론자들에게 인식의 주체는 '인간'입니다. 인간만이 실재를 확인할 수 있다고 보았습니다. 과연 그럴까요? 박쥐는 눈이 보이지 않지만 초음파를 쏴서 '귀'로 세상을 봅니다. 갯가재는 인간이 인식하는 것보다 수십 배 많은 색으로 세상을 봅니다. 눈이 퇴화해 버린 지렁이는 각 마디에 1900개나 되는 감각 수용기를 갖고 있어 소리, 진동, 심지어 맛도 느낀다고 합니다. 하지만 근대 인식론자들에게 이런 비인간 존재들은 관심의 대상이 아니었습니다. 오직 인간이 보는 세상에만 관심을 가졌지요. 데카르트처럼 세상을 기계적인 것, 수동적이고 죽은 물질들의 집합으로만 보았습니다.

데카르트의 영향력은 근대를 넘어 지금까지 이어지고 있습니다. 인간 중심주의를 벗어나지 못하게 합니다. 정신을 가진 인간은 능동적인 주체이고, 물질은 수동적인 객체 혹은 죽은 것들이라는 이분법이 사람들의 마음속에 깊이 새겨져 있습니다. 여러분은 함께 살고 있는 개나 고양이, 혹은 여러분의 몸이 일종의 로봇 같은 '자동 기계'라는 말을 믿을 수 있나요? 애석하게도 열렬한 데카르트주의자들은 사람이 개를 발로 찼을 때 개가 내지르는 고통스러운 비명이나 깡통을 발로 찰 때 나는 소리가 같다고 보았습니다. 데카르트주의자들에게 동물은 기계와 같은 존재니까요.

잠깐만 생각해 봐도 지나치게 자기 중심적인 생각 아닌가요? 마치 내가 신이고, 나머지는 모두 나를 위해 만들어졌거나 내가 만든 피조물이야! 하고 외쳐 대는 것 같습니다. 나를 위해 만들어진 것이 아닌 나머지는 '실재'로서의 가치를 잃어버리게 되는 것이지요. 이것이 인식론이 남긴 심각한 문제입니다. 인간의 관점으로만 실재 여부를 판단하기 때문이지요.

의인화는
왜 위험한가

이번엔 물질에 대해 본격적으로 얘기 나눠 보겠습니다.

보통 물질 하면 떠올리는, 수동적이고 죽어 있는 것이라는 개념은 데카르트 이후부터 형성되었습니다. 데카르트의 물질관에 영향을 받은 유물론을 '생기 잃은 물질'에 관한 이론, 즉 구유물론이라 불러도 좋겠습니다. 반면에 신유물론은 '활력 있는 물질'에 관한 이론이라고 할 수 있습니다. 신유물론을 '신물질주의'라고도 하는 이유입니다.

구유물론은 비판을 받고 있습니다. 인간을 제외한 모든 것을 죽어 있거나 수동적인 존재로 파악하는 바람에, 지금과 같은 기후, 생태위기를 초래했다고 보기 때문입니다. 물론 신유물론은 신유물론대로 사람들에게 적잖은 충격을 주고 있습니다.

"어떻게 사물이 살아 있다는 거야? 사람이 뭔지, 사물이 뭔지 잘 구별 못하는 어릴 때나 그런 생각을 하는 거지!"

하지만 아이들만큼 유연하고 열려 있는 존재는 없지요.

프랑스 철학자 **메이야수**^{Meillassoux, 1967~} 는 인간이 의식한
것만이 물질이 될 수 있다는 주장을 '상관주의'라고 명명하면
서 비판합니다. 인식론 자체에 문제를 제기한 것이지요. 그러
고는 인간과 상관없이 존재하는 물질에 대해 말하기 시작합
니다. 사유 바깥에 있는, 사유와 무관하게 자율적으로 존재하
는 물질 존재에 대해서 말이지요. 이런 이유로 메이야수를 대
표적인 신유물론자 중 하나로 보기도 합니다.

이제 근대 인식론의 물음은 의미가 없어졌습니다. 근
대 인식론은 의식으로 포착하지 않은 물질 자체를 배제하는
데, 이는 문제가 있습니다. 일례로 동물들만 봐도 알 수 있습
니다. 동물도 기뻐하고 슬퍼할 줄 알지요. 감정이 있는 존재
입니다. 그것을 어떻게 아냐고요? 동물들의 행동을 보고 아
는 거지요. 인간과 같은 방식으로 슬퍼하거나 기뻐하지는 않
지만, 동물들의 삶에 깊이 개입해 지내다 보면 이해하게 됩

메이야수

프랑스 철학자이다. 사변적 실재론자로 알려져 있다. 알랭 바디우와 함
께 국제현대프랑스철학연구센터CIEPFC 창립에 함께했다. 이 센터는
2002년에 설립되었는데, 20~21세기 프랑스 철학 역사를 비롯해 프랑
스 철학의 특수성, 다양성 등을 연구한다.

니다. 동물과 인간이 다르다는 이유로 그들에게 감정이 없다고 말할 수는 없습니다. 다만 동물을 인간처럼 이해하려고 할 때, 동물의 독특한 행위 능력을 인간의 관점으로만 보려고 할 때, 위험할 수 있습니다.

이런 점에서 저는 의인화가 동물을 이해하는 데 도움을 주긴 해도, 위험할 수 있다고 생각합니다. 일례로 반려동물을 자식으로 표현하는 경우가 많은데, 그러다 보면 그 동물이 갖고 있는 특성을 못 보게 될 수 있으니까요. 각 물질은 자신만의 고유한 속성을 갖고 있기 때문입니다.

그렇다고 해서 물질의 고유한 속성을 '실체'로 이해하면 안 될 것입니다. 실체란 다른 것에 의존하지 않는 독립적인 어떤 것을 말합니다. 만일 사물이 실체라면, 각 사물은 독립적이기 때문에 서로 영향을 주고받을 수 없게 됩니다.

생동하는
물질

신유물론자들은 인간이 자신들이 의식해 포착한 물질만을 인정해 왔다고 지적합니다. 그것은 의식에 포착되지 않은 무수한 물질이 있다는 말이기도 합니다. 물질은 외부의 어떤 작용에 의해 움직이는 것이 아니라 자체로 활력을 가지고 있다고 신유물론자들은 주장합니다.

신유물론은 물질의 활력뿐 아니라, 인간의 인식을 우선시하는 바람에 배제되고 삭제되고 존재하지 않는다고 여겨지던 것들의 가치에 대해 다시 생각해 보려는 이론입니다. '유물론'이란 단어에서 오직 '유唯'가 좀 불편하기는 합니다. 마치 물질만 이야기하겠다는 말처럼 보일 수 있습니다. 신유물론은 물질에 대한 새로운 사유인 것이지, 드러나지 않았던 그간의 물질을 부각시켜 보자는 의미는 아닙니다. 이 때문에 신유물론자들 중 일부는 신물질주의라고 부르자고 제안합니다만, 기존의 정착된 개념인 유물론과 구별하려면 '신유물론'이라는 개념이 적절해 보입니다.

앞서 말했듯이 신유물론이 지향하는 것은 '죽은 물질을 되살리는' 데 있습니다. 죽은 물질을 되살린다는 말은 다양한 의미를 가집니다. 존재론의 의미, 정치와 윤리의 의미도 담고 있습니다. 구체적으로 말하면, 존재론의 의미란 물질이 무엇인가에 대해 다시 묻는다는 것이고, 정치와 윤리의 의미는 배제되고 억압된 것들을 재배치하려고 한다는 것입니다.

동화 《오즈의 마법사》에서 도로시와 함께 오즈의 마법사를 만나러 가던 양철 나무꾼과 허수아비는 왜 마음과 뇌를 가지고 싶어 했을까요? 마음과 뇌가 있으면 인간이 될 수 있다고 생각했기 때문입니다. 하지만 도로시와 여행하면서 겪은 일들을 보면 양철 나무꾼과 허수아비는 이미 따뜻한 마음뿐만 아니라 판단 능력도 갖고 있었습니다. 근대의 인간 중심의 이분법은 인간을 주체의 자리에 두는 반면 인간을 제외한 나머지 존재는 객체의 자리에 둠으로써 위계질서를 확립합니다. 하지만 양철 나무꾼과 허수아비처럼 인간이 아닌 존재들도 인식하고 느끼는 존재임을 신유물론자들은 말하기 시작한 것입니다.

근대의 시각이 깊이 새겨진 사람들은 합리성과 효율성을 잣대로 삼아 모든 것을 판단합니다. 적어도 인간은 이성적으로 판단하고, 스스로를 책임지는 도덕적인 존재로 규정했습니다. 하지만 이런 태도는 오히려 인간이 아닌 다른 존재,

즉 비인간 존재들의 고통과 신음 소리에 귀를 닫고, 자신이 원하는 것만을 보고 듣게 했습니다. 인간은 이성의 한계를 인정하면서도 이성적 판단 밖에 있는 존재들에 대해서는 관심을 두지 않게 된 것이지요.

신유물론은 비인간 존재들의 고통과 신음에 귀를 기울이려는 학문적 태도입니다. 데카르트의 사고에 근거한다면 비인간 존재들은 결코 이성적인 존재일 수 없습니다. 인간만이 이성적인 존재이니까요. 물질은 수동적이고 기계적이라 여겼는데 이런 물질들의 활력과 능동성을 인정하고, 심지어 감정을 가진 존재임을 인정한다면, 근대의 위계질서는 전복될 수 있습니다. 그렇다고 해서 위계질서의 아래에 있던 물질을 인간과 같은 위치로 올려놓는다고 말한다면, 그것 역시 인간의 이성적 능력을 우위에 두고 물질을 판단하는 태도가 되겠습니다. 그러므로 우리는 매우 조심스러운 일이지만, 물질들에 대해 다시 사유하면서 그들의 고유성을 발견하려고 노력하지 않을 수 없습니다.

어릴 적 만화영화 〈미녀와 야수〉를 무척 좋아했습니다. 양초와 찻주전자가 노래하고 춤추던 장면이 특히 좋았습니다. 그래서인지 밤이 되면 사물들이 인간처럼 살아 움직일지 모른다고 상상했지요. 그 사물들은 아침이 되면 언제 그랬냐는 듯, 죽은 물질처럼 움직이지 않고요. 왜 날이 밝고 사람의 발자국 소리가 들리기 시작하면, 사물은 다시 활력을 잃는 걸까요? 사물들은 사람들과 숨바꼭질하기를 좋아하는 것일까요? 어쩌면 사람들이 사물들의 움직임과 활동을 인지하지 못하는 것일 수 있습니다. 사물은 이미 살아 움직이고 있었는데, 인간이 사물의 소리를 듣지 못한 것일지도 모릅니다. 사물이 활력을 되찾은 것이 아니라, 비로소 인간이 사물들이 살아 움직인다는 사실을 깨닫게 된 것일 수도 있습니다.

그런데 어째 좀 이상합니다. 정말로 찻주전자는 만화영화에서처럼 춤추고 노래하는 것일까요? 여기서 찻주전자는 의인화한 것입니다. 인간처럼 노래하고 춤추는 찻주전자를 말하는 것이지, 찻주전자 자체에 대해 말하는 것은 아닙니다. 앞에서 강조했듯이 의인화는 인간의 시각으로 사물을 바라본 것이니, 주의해야 합니다. 분명 놓치는 부분이 있게 되니까요.

비록 인간 중심적인 태도에서 의인화가 일어나긴 해도 의인화는 인간이 물질을 새롭게 바라볼 기회를 준다는 점에서 의의가 있습니다.

"인간의 시각으로 물질을 보는 것이 과연 옳을까요?"

이제, 이 물음에 분명히 답할 수 있습니다.

"아니요."

자기 입장에서만 타인을 바라본다면 타인을 결코 이해할 수 없습니다. 물질을 이해하려고 할 때도 마찬가지입니다. 예를 들어 바위가 살아 움직인다고 칩시다. 바위가 인간처럼 이성적인 판단과 행위를 한다고 말한다면, 그것은 바위에 인성을 부여한 것에 불과합니다. 바위 자체의 물성은 부정하고 말이지요. 그런 태도로는 영원히 바위의 물성을 이해할 수 없습니다. 바위와 인간은 서로 다른 물성을 가지고 있습니다. 그 물성은 확장되고 변화하기도 합니다. 존재하는 모든 것은 각자의 방식으로 세상을 경험합니다. 바위와 인간인 나는 모두 물질이지만, 같은 경험을 하지는 않습니다.

기후위기가
말해 준 것

이제 신유물론이 죽은 물질을 되살리려는 이유가 분명해졌습니다. 그런데 물질은 자신이 살아 있음을 어떻게 보여 줄까요?

최근의 기후위기는 인간이 물질의 활력을 깨달을 기회를 주었습니다. 영국의 대기과학자 제임스 러브록James Lovelock, 1919~2022은 기후위기를 "가이아의 분노"라고 표현했습니다. 가이아는 그리스 신화에 등장하는 여신입니다. 가이아를 보통 지구에 비유합니다. 이 비유가 적절한지에 대해선 의견이 분분한데, 여기서는 왜 지구를 가이아라고 부르는지 그 이유에 주목하는 것이 좋겠습니다. 가이아는 죽은 물질이 아니라 '생명을 품고 있는 어머니 여신'을 뜻합니다. 즉 가이아 이론은 지구를 무기체가 아닌 살아 있는 생명체, 즉 유기체로 보는 것이지요.

그런데 이런 가이아가 분노했다는 것입니다. 그것은 자연, 즉 땅과 바다와 나무 등이 적극적으로 자신의 상태를 표현했다는 의미입니다. 물질은 더는 인간의 행위를 수용하지 않습니다. 이제 우리는 자연 등의 물질이 전하는 말을 알아듣고, 응답하는 능력을 길러야 합니다. 인간=능동, 물질=수동이란 공식을 더는 붙잡고 있어서는 안 됩니다. 이 관계를 새롭게 배치해야 합니다.

앞에서 유물론과 유심론에 대해 언급했습니다. 오랫동안 우리는 물질과 마음 중 무엇이 더 근원적인지 겨루며 살아왔습니다. 신유물론은 물질과 마음 사이의 경계를 없앱니다. 그렇다고 해서 마음을 물질로, 물질을 마음으로 환원하지 않습니다. 마음과 물질은 표현의 한 양상으로 볼 뿐입니다.

프랑스 철학자 **메를로퐁티**Merleau-Ponty, 1908~1961는 "나의 몸은 의식에 지배받는 몸이 아니라 몸의식이며 주체"라고 말합니다. 몸의 활력, 즉 물질의 활력을 강조한 것이지요. 몸의식이란 몸 안에 의식이 들어가 있다는 것이 아니라, 몸이 생각하고 자신을 변화해 간다는 말입니다.

메를로퐁티

프랑스 철학자이다. 사르트르와 함께 프랑스 현대 철학의 양대 산맥으로 평가받는다. 현상학과 실존주의에 천착했고 《행동의 구조》, 《지각의 현상학》, 《의미와 무의미》, 《보이는 것과 보이지 않는 것》 등을 썼다. 후설의 의식현상학을 몸현상학으로 전개함으로써 신유물론과 포스트휴머니즘으로 향하는 새로운 존재론의 디딤돌이 되었다.

인간을 몸과 의식으로 구분하는 건 이제 의미가 없습니다. 의식만이 능동적이라고 이해해서도 안 됩니다. 인간과 사물이 같지는 않겠지만, 인간만이 사물을 평가하고 판단할 수 있는 자율적인 존재 역시 아닙니다. 물질과 마음 중 무엇이 더 근원적인지는 신유물론에서 논의 대상이 아닙니다.

신유물론은, 존재는 단 하나의 실체가 아니라 다자적으로 연결된 집합체로 봅니다. 인간은 인간 존재뿐 아니라 비인간 존재들과의 관계 맺음을 통해 형성되는 집합체라는 것입니다. 비인간 존재들 간의 여러 관계 맺음의 영향도 받으면서 말입니다. 비인간 존재들도 마찬가지입니다. 다자간의 관계 속에서 자신을 드러냅니다. 결국 신유물론이 말하려는 것은, 모든 존재에게 '힘'이 있다는 것입니다. 그 힘은 스스로 자신을 변화시킬 수 있는 가능성을 말합니다.

2장. 신유물론자들

신유물론자들의 공통점은 모두 인간 중심주의를 거부한다는 것입니다. 인간 중심주의는 인간만이 주체이고 인간 이외의 나머지는 인간을 위해서만 존재하는 객체라고 주장하는 입장입니다. 이런 태도는 역사가 오래되었습니다. 일례로 고대 철학자 아리스토텔레스는 인간만이 이성, 즉 영혼을 가지고 있다고 생각했고, 근대 철학자 데카르트는 인간만이 사유할 수 있다고 주장했습니다.

이성이 없는 존재들은 활력도 가질 수 없습니다. 19세기 프랑스 화가 제롬의 그림 〈피그말리온과 갈라테이아〉는 상아로 만들어진 갈라테이아에게 생명을 불어넣는 과정을 보여 줍니다. 물질은 영혼으로 인해 생명을 갖게 된다는 고대의 사고가 고스란히 반영된 작품이지요. 근대에 이르러 영혼 개념은 점점 흐려지고, '의식'이 그 자리를 대신합니다. 사람들은 보통 영화 〈사랑과 영혼〉처럼 영혼도 실체가 있다고 상상하는데, '의식'은 실체는 없고 주체적으로 어떤 기능을 하는

제롬의 〈피그말리온과 갈라테이아〉

것이라고 생각하면 됩니다. 고대의 '영혼' 개념과 근대의 '의식' 주체는 모두 인간 중심주의에서 나온 개념입니다.

인간 중심주의는 인간과 인간 이외의 것으로 모든 것을 갈라놓습니다. 이분법이지요. 인간과 자연, 인간과 동물, 인간과 사물 등입니다. 이분법에서는 인간만이 세상의 주인이며, 다른 모든 것은 인간을 위해 존재합니다. 이런 자신감의 바탕엔 무엇이 깔려 있을까요. 바로 인간만이 '이성'을 갖고 있다는 우월감입니다. 그래서 인간은 고귀한 존재이되 물질은 하잖다고 생각하게 되지 않았을까요.

하지만 일례로 이산화탄소란 '물질'에 대해 생각해 봅시다. 지구 안에 이산화탄소가 증가하면 지구 온난화 현상이 일어나고 그로 인해 폭염과 홍수, 가뭄, 대형 산불 등 재해가 끊이지 않습니다. 해수면이 올라가 물에 잠기는 나라들이 생기고, 기후 난민까지 속출합니다. 물질을 등한시한 결과 인간이 멸종 위기에 놓이고 맙니다.

물질 세계가 품은 무서운 힘을, 인간은 이제야 깨닫고 있습니다. 인류는 미국 천문학자 칼 세이건Carl Sagan, 1934~1996이 "창백하고 푸른 점"이라고 표현한 지구의 일부분에 지나지 않습니다. 신유물론은 위기에 처한 지구를 위해 인류가 어떻게 달라져야 하는지 묻고, 이를 위해 먼저 인간 중심주의를 딛고 서 있던 근대의 세계관을 바로잡으려는 시도입니다.

　신유물론은 무엇일까요. 대표적인 신유물론자들을 소개하면서 알아보겠습니다. 라투르 빼곤 모두 여성입니다. 이것은 신유물론이 페미니즘과 밀접함을 말해 줍니다. 여성은 근대 이전부터 '자연'으로 여겨졌으니 일단 그럴 만합니다. 이제 철학자들을 만나 볼까요.

프랑스 철학자 브뤼노 라투르Bruno Latour, 1947~2022는 신유
물론의 선구자입니다. 라투르는 과학사회학Science and Technology
Studies, STS 분야에서 업적을 쌓아 왔습니다. 과학사회학은 과
학과 기술을 낙관적으로 바라보던 근대의 태도에 대한 반작
용으로 1960년대에 등장했습니다. 과학과 기술은 인류를 번
영하게 했지만, 동시에 새로운 문제들을 일으켰습니다. 축복
만을 가져다주지는 않았습니다. 일례로 환경 문제가 제기되
었지요. 1962년 레이첼 카슨은 《침묵의 봄》에서 살충제의 위
험성을 환기했고, 이 책은 환경운동의 길을 열어 주었습니다.

라투르도 근대를 비판합니다. 인간 중심주의에 의문을
제기한 것이지요. 인간은 순수하게 정신적일 수 없으며, 자연
과 분리된 문화는 없다고 보았습니다. 이런 사유는 행위자 연
결망 이론Actor-network theory, ANT에 담겨 있습니다. 이 이론은 쉽
게 말하면, 인간과 비인간 모두 행위자로 존재한다는 것입니

다. 행위자들은 모두 연결망에서 자신을 드러내고요. 행위자 연결망 이론은 이후 많은 철학자에게 영향을 끼칩니다.

그런데 라투르가 이런 생각을 하게 된 건 라투르 역시 다른 철학자들에게 영향을 받았기 때문입니다. 대표적인 철학자가 미셸 세르, 화이트헤드, 들뢰즈입니다. 이들을 먼저 잠깐 소개하겠습니다.

세르

미셸 세르Michel Serres, 1930~2019는 프랑스의 과학철학자로, 전통적인 자연, 특히 데카르트의 자연관을 비판합니다. 여기서의 자연은 인간이 판단, 통제, 보호해야 할 대상이지요. 보호받는다는 것은 자칫 존중받는 것처럼 보이지만, 그렇지 않습니다. 보호받는다는 것은 수동적인 의미니까요. 자연을 바라보는 이런 시각은 지금도 여전합니다. 반면 인간은 주체적이고 능동적인 자리에 놓지요. 자연을 활용해 문명을 발전시켰다는 식입니다.

데카르트의 이런 시각은 인간과 자연뿐 아니라 정신과 물질이란 이분법도 만들어 냈습니다. 이분법은 위와 아래라는 위계를 둡니다. 억압하고, 억압당하는 존재를 만들어 내지요. 이 때문에 세르는 인간과 자연, 혹은 정신과 물질이라는 이분법의 경계를 허물기 위해 애씁니다. 이 과정에서 만들어진 개념이 '매개의 존재론'입니다. 세계는 횡단하고, 결합하며, 연결되어야 한다는 제안입니다.

'매개' 하면 떠오르는 신이 있습니다. 바로 그리스 신화의 헤르메스입니다. 세르는 '매개의 존재론'을 설명하는 데 전령의 신 '헤르메스'를 언급합니다. 헤르메스는 다양한 방식으로 메시지를 전합니다. 아이에게는 아이의 언어로, 새들에게는 새들의 언어로 전달합니다. 새들의 언어로 전달한다니! 그렇습니다. 헤르메스는 인간이 아닌 존재들 사이로도 횡단합니다. 이 때문에 헤르메스는 단일한 존재가 아니라 복수의 존재로 표현됩니다. 그에게는 경계를 허무는 힘이 있습니다.

세르는 근대의 사회계약도 비판했습니다. 그 사회엔 인간들만 있었기 때문이지요. 물질은 배제되었습니다. 라투르는 이런 세르의 시각에서 많은 영향을 받았습니다.

화이트헤드

라투르가 이분법을 허무는 데 논리적인 근거를 제공해 준 것이 화이트헤드의 과정철학Process philosophy입니다. 과정철학은 존재하는 모든 것을 과정으로 봅니다. 누군가 여러분에게 '당신은 누구입니까?'라고 묻습니다. 어떻게 자신을 소개하시겠습니까? 잠시 머릿속이 하얘질 것입니다. 어디서부터 어디까지 말을 해야 하나 싶어 한참 망설이겠지요. 나는 과거로부터 흘러와 현재에 이르렀고 또 앞으로 달라질 수 있을 테니, 어느 시점의 나를 말해야 할까 싶어 고민에 빠질 수 있습니다. 그렇다고 해서 자신이 아닌 적은 없었을 것입니다. 화이트헤드는 지금 이 순간의 나를 '현실존재'라고 합니다. 인간뿐이 아닙니다. 하늘에 떠 있는 구름도, 신도 현실존재입니다. 계절을 봐도 알 수 있는 일입니다. 겨울이 가고 봄이 오지 않습니까. 그러므로 현실존재는 인간만을 가리키지 않습니다.

이처럼 현실존재는 생성 과정에 있는 결합체입니다. 라투르는 화이트헤드의 이런 주장의 영향을 받아 행위자 연결망 이론을 만들어 낸 것이지요. 라투르에게 존재란 무수히 다양한 행위자의 연결망입니다.

들뢰즈

흔히 신유물론자들을 들뢰즈주의자라고 합니다. 그만큼 들뢰즈의 영향을 크게 받은 사람들입니다. 라투르의 행위자 연결망 이론은 들뢰즈의 내재성 개념에서도 큰 영향을 받았습니다. 전통철학에서 존재는 신 혹은 초월적인 어떤 것에 의존했습니다. 하지만 신유물론자들은 물질이 초월적인 어떤 것에 의해서가 아니라 내재적인 힘에 의해서 활력을 띤다고 말합니다. 내재적인 힘이란 존재 자체가 품고 있는, 끊임없이 운동하고, 변화하고, 생성하는 힘을 말합니다. 들뢰즈는 이런 힘을 리좀Rhizome이라고 했지요. 땅속줄기 식물을 리좀이라고 하는데, 잔디가 대표적입니다. 잔디는 줄기가 흙에 닿으면 뿌리로 변하면서 옆으로 뻗어 나갑니다. 보통의 식물들은 뿌리와 가지, 잎 순서로 위계가 있고 수직으로 자라는 반면, 잔디와 같은 리좀은 뿌리와 가지의 위계가 없고 옆으로 즉 수평적으로 계속 뻗어 갑니다. 이런 리좀 이론이 행위자 연결망 이론에 영향을 끼친 것입니다.

인간 중심의 세계에서 비인간 존재는 인간에게 '대상'일 뿐, 독자적인 행위자로서 자리를 갖지 못합니다. 인간만이 주체적인 행위자이지요. 인간은 지구의 '관리자' 혹은 '주인'으로 행세를 합니다. 관리자로서 인간은 혼란스럽고 불순한 것들을 제거하고, '순수'라는 이름 아래 사회를 '정화'하려고 합니다.

라투르는 이런 점을 비판합니다. 근대인은 문명과 질서라는 이름 아래, 이것과 저것을 나눈 후 제거하고 정리하려 했지만, 실패했다는 것입니다. 라투르에 따르면 단 한번도 근대인이 꿈꾼 사회는 존재하지 않았습니다. 라투르가 "우리는 결코 근대인이었던 적이 없다"고 말한 이유입니다. 기후위기와 펜데믹을 겪으면서 라투르 주장은 더 설득력을 얻었습니다. 인간은 위기와 두려움을 느꼈고 그제야 자연의 '능동성'을 인정하지 않을 수 없게 된 것입니다.

왜 '행위자'일까

행위자 연결망 이론에서 짐작할 수 있듯이 라투르는 주체와 객체라는 용어 대신에 '행위자actor'를 사용합니다. 행위자는 인간과 비인간 존재 모두를 아우를 수 있기 때문이지요. 행위자 연결망에는 인간과 비인간 존재 사이에 위계가 없습니다.

데카르트 이래 철학에서는 오직 인간에게만 행위 능력을 부여했지요. 행위 능력이란 작용하거나 저항하는 능력 혹은 힘을 의미합니다. 인간을 제외한 비인간 존재는 단순히 반응하는 능력만을 갖거나 그조차도 없다고 여긴 것입니다.

하지만 라투르는 인간과 비인간 사이의 위계를 없애고 행위자 연결망으로 대체했습니다. 모든 존재에 행위 능력을 부여한 것이지요. 라투르로 인해 이제 세상은 무수한 행위자가 북적대면서 목소리를 내고, 힘도 겨루는 곳이 되었습니다. 인간만이 아니라 비인간 존재도 동등한 권리를 가진 행위자가 되어 능동적으로 관계를 맺고 있다는 것입니다.

이처럼 행위자 연결망 이론에서는 비인간 존재의 능동적이고 적극적인 역할을 강조합니다. 인간과 비인간 존재의 행위 역할은 다를지라도 능력에 우열을 두지는 않는 것이지요.

행위자 연결망 이론이 무엇인지 이해할 수 있게 몇 가지

예를 더 들어 보겠습니다. 그림을 그리는 사람을 화가, 소설을 쓰는 사람을 소설가라고 합니다. 보통 우리는 화가, 소설가의 '의지'에 관심을 둡니다. 그는 무엇을 그리고, 무엇을 쓰려고 했을까? 결국 행위 주체를 인간으로 보는 것이지요.

하지만 행위자 연결망 이론에서는 행위 주체가 따로 있지 않습니다. 소설가는 행위자들의 연결망에서 드러날 뿐입니다. 펜도, 종이도, 혹은 노트북도 행위자이지, 인간에게 선택된 도구가 아닙니다. 여기서 펜과 종이와 사람이 연결되어 소설가가 되는데, 그것이 꼭 필연적이지도 않습니다. 행위자들이 만나 도출되는 결과는 예측할 수 없습니다. 4B연필이라면 그 굵기 때문에 글보다는 그림을 그리게 유도할 수 있고, 종이가 공책이 아니라 색이 들어간 종이라면 종이접기를 유도할 수도 있습니다.

산을 보면 등산을 하고 싶고, 음식을 보면 침이 고입니다. 대개 인간은 전적으로 자신만이 무엇인가를 선택할 수 있는 능동성을 가지고 있다고 착각합니다. 하지만 사실은 비인간 존재의 '부름'에 '응답'하는 것일 수도 있습니다. 인간과 비인간 존재 사이에서는 콕 집어 설명하기 어려운 응답이 이루어지는 것이니까요. 다만 비인간 존재의 능동성을 이해하지 못한 인간은 그 부름에 응답하지 않을 것입니다.

그러므로 행위 이전에 행위자가 먼저 있지는 않습니다. 다시 말해 행위자가 있기 때문에 행위를 하는 것이 아니라는 말입니다. 행위를 하기 때문에 행위자가 되는 것입니다. 행위를 한다는 것은 관계를 맺는 것입니다. 소설가이기 때문에 소설을 쓰는 것이 아니라, 소설을 쓰기 때문에 소설가가 되는 것이지요. 그림을 그리지 않는 이가 화가일 수 없고, 연구하지 않는 연구자는 연구자가 아닌 것과 같습니다. 오늘 연구자로 책상 앞에 앉았던 내가 내일 가방을 메고 기차를 타면, 여행자가 됩니다. 여행을 하다가 사업 구상을 하고 관련된 일들을 하면 사업가가 되는 것이고요.

다만 이런 행위들은 비인간 존재들의 협력이 없다면 불가능합니다. 행위자 연결망은 항상 불완전하고 불안정합니다. 연결망은 끊임없이 변화하며 자신을 재정의해 나갑니다. 그래서 나는 여행하는 사람이기도 하고, 블로거이기도 하며, 유튜버이기도 합니다. 무엇을 하는가에 따라 나를 정의 내립니다. '나'라는 존재는 바로 행위자 연결망으로 드러나기 때문이지요.

라투르에게는 행위자들의 연결망만 있을 뿐입니다. 연결망은 "행위자들이 연합한 효과이지 행위자들이 연합한 원인이 아니라"[1]는 것이 라투르의 주장입니다. 여행하는 사람으로서 '나'는 여행 가방과 기차와 지도 등이 연합한 '효과'입니다. 그래서 행위자 연결망 이론에서는 이종적異種的, 잡종적, 매개라는 단어가 자주 나옵니다. 전혀 다른 것들의 조합이기 때문이지요. 동시에 행위자들 간의 경계가 허물어지기도 합니다.

라투르는 행위자들의 연결망으로 인한 효과를 설명하기 위해 자동차 속도를 예시로 듭니다. 동네에 들어서면 자동차는 속도를 줄여야 합니다. 사고 날 위험을 줄이기 위해서지요. 특히 학교 앞은 속도가 제한되어 있고 과속을 하면 벌금을 뭅니다. 동네나 학교 앞에는 속도를 줄이기 위해 과속 방지턱도 있습니다. 과속하지 말라고 백날 말한들 소용없습니다. 하지만 과속 방지턱이 있다면 상황은 달라집니다. 속도를 줄이지 않으면 과속 방지턱에 걸려 자동차가 망가질 수 있기 때문이지요. 어쩌면 카메라 단속보다 더 효과가 클지도 모릅니다. 과속 단속이라는 경찰이 할 일을 과속 방지턱이 하고 있는 셈입니다. 영어권에서는 과속 방지턱을 '잠자는 경찰'이라고도 하는데, 절묘한 표현이 아닐 수 없습니다. 사회에서 하려던 통제를 사물에 '위임'한 대표적인 예지요.

좋은 관계를 위한 기술, 번역

라투르는 행위자 간의 연결망이 '좋은 관계'가 되려면 어

떻게 해야 할지도 제안합니다. 좋은 관계를 맺으려면 '번역'
이 필요합니다.

고양이와의 관계를 예로 들어 보겠습니다. 나무 그늘에
서 낮잠을 자는 고양이가 있다고 합시다. 이 고양이는 행위
자 연결망의 효과입니다. 고양이가 여러분을 보고 도망가지
않고 다가오는 것은 여러분에게 친밀감을 느꼈기 때문입니
다. 좋은 관계의 모습이지요. 만일 그 고양이가 괴롭힘을 당
했다면, 그렇게 자신을 노출시킨 채 한가로이 낮잠을 자는
일은 없을 테고, 여러분에게 다가오는 일은 더더욱 없었을
것입니다.

인간과 비인간이 어떤 관계를 맺느냐에 따라 우리 삶의
모습은 엄청나게 달라질 것입니다. 고양이가 평화로운 상태
에 있는 것은 수많은 과정의 효과입니다. 그러나 우리는 지금
내 앞에서 평화롭게 낮잠을 자는 그 '고양이'만을 볼 뿐, 어떤
과정이 그 고양이를 지금 이 상태로 있게 했는지에 대해서는
알지 못합니다.

좋은 관계를 맺으려면 항상 노력해야 합니다. 관계 맺음
의 기술이 필요하지요. 관계 맺음이란 서로를 길들이는 방식
이기도 합니다. 이 방식이 서툴면 좋은 연결망, 즉 좋은 관계
를 맺지 못하게 될 것입니다. 어떻게 관계를 맺느냐에 따라
좋은 관계가 될 수도, 나쁜 관계가 될 수도 있습니다.

'번역'은 연결망을 형성하기 위한 노력 혹은 기술을 뜻합니다. 보통 번역은 서로 다른 언어들의 의미를 같게 해 주는 과정입니다. 하지만 의미를 똑같게 해 주지는 못합니다. 예를 들어 '푸르스름하다'는 단어를 영어로 똑같이 번역할 방법은 없습니다. 우리는 번역을 통해 차이를 인정하고, 또한 연결합니다.

라투르에게 번역은 질서를 만드는 과정이고, 연결망 형성을 가능하게 하는 과정입니다. 번역이 성공적이라면, 연결 관계가 좋다는 말이 됩니다. 그것은 더 많은 행위자가 연결망에 동원된다는 것이고, 많은 동맹을 맺게 된다는 의미입니다. 그리고 그런 연결망은 권력을 획득하게 됩니다.

그럼 번역은 어떤 과정으로 이루어지는 것일까요? 행위자 연결망 이론가인 미셸 칼롱Michel Callon, 1945~ 은 번역의 과정을 4단계로 제시합니다. 먼저 관심이 필요합니다. 이것을 '문제화'라고 합니다. 여러분의 관심이 어디에 있는지 한번 생각해 봅시다. 저는 요즘 아름다운 생태건축에 관심이 있습니다. 이런 관심이 문제화 단계입니다. 이후 개입하기→가입→동원화 단계로 이어집니다.

제 경우를 예로 들어 문제화 이후 단계를 살펴보겠습니다. 건축에 대해 공부한 적이 없어 저는 건축가에게 도움을 요청했습니다. 그 건축가는 좀 더 자세히 알려면 직접 건축

탐방을 하는 것이 어떠냐고 제안했습니다. 저는 건축가가 소개한 여행전문가의 도움을 받아 건축 기행에 나섰습니다. 건축 기행에는 여러 사람의 도움이 필요합니다. 이 단계를 '개입하기' 혹은 '관심 끌기'라고 합니다. 즉 동맹 맺기가 시작되는 것이지요.

이렇게 새로운 '○○○ 모임'을 만들었습니다. 이 모임을 유지하려면 구성원들에게 적당한 역할을 부여해야 합니다. 이 단계를 '가입'이라고 말합니다. 가입의 단계가 끝나면 마지막 단계가 남습니다. 모임이 안정적으로 운영되게 하는 것이지요. 이 단계를 '동원화'라고 합니다.

이제 건축 기행 모임은 번역의 과정을 거쳐 새로운 '○○○ 모임'이라는 행위자가 되었습니다. 번역의 결과인 셈입니다. 이것이 번역의 과정이며, 질서를 만드는 과정입니다.

관계가 지속되면 공동체를 이루게 됩니다. 라투르의 용어를 빌려 오면, '블랙박스'가 만들어지는 것입니다. 예를 들어 어떤 모임이 있다고 합시다. 다양한 직업을 가진 사람들이 모였습니다. 그래서인지 그 모임은 활기를 띠었습니다. 모임에 더 많은 사람이 모이고, 급기야 그 모임은 이름만으로도 사회적 권력을 얻기 시작합니다. 이제 모임은 모임의 구성원들보다, 모임의 이름으로 존재하게 됩니다. 블랙박스가 형성된 것입니다.

그러다가 어느 날 모임에 균열이 생깁니다. 그때 우리는 비로소 그 모임이 어떤 차이들을 가지고 구성되었는지 보게 됩니다. 균열이 생기기 전에는 차이를 인식하지 못한 것이지요. 어쩌면 그 균열로 인해 모임은 재구성되거나 해체될 수도 있습니다.

이번엔 사물을 예로 들어 보겠습니다. 사물의 경우에는 안정적인 '사물의 상태'를 블랙박스라고 할 수 있겠지요. 이를테면 스마트폰이 평소 잘 작동하는 상태를 말합니다. 만일 스마트폰이 고장 난다면, 그것은 블랙박스가 해체되는 것을 의미하겠지요. 블랙박스가 해체되면서 스마트폰의 다양한 기능과 부속품에 대해 생각하게 됩니다.

지금까지 살펴보았듯이 행위자들은 연결망에서 또 다른 행위자로 나타나며, 그 행위자는 이종적 연결망을 구성해서 또 다른 행위자를 만들어 냅니다. 이렇게 연결망은 복잡하고 다양한 방식으로 형성되며 행위자들을 드러내는 것이지요. 여기에는 거시적인 것과 미시적인 것의 구분마저 없습니다. 행위자들이 연결되고 끊어지는 '생성'과 '소멸'만이 있습니다.

라투르에게 행위자는 집합체입니다. 집합체로서 행위자는 번역의 과정을 통해 이종적 연결망으로 구성되었습니다. '이종적'이라는 말을 기억해야 합니다. 전혀 다른 모습과 성질을 가진 행위자 모두를 포함하는 말이기 때문입니다. 게다가 이종적 연결망에는 어떤 인과성의 원리도 없습니다. 우리는 연결되어 있되, 부분적으로만 연결되어 있습니다.

쉬운 예로, 나와 친구 A는 늘 같이 여행을 갑니다. 하지만 A와 나는 일은 같이하지 않습니다. 여행을 함께하는 이유는 다양합니다. 일을 같이하지 않는 이유도 다양합니다. 어떤 필연적인 이유가 있어서는 아닙니다. 다만 연결을 맺거나 끊는 것이 가장 좋은 상태를 만들기 위해서인 것만은 분명합니다. A와 여행할 때 나는 가장 멋진 추억을 쌓습니다. A와 여행할 때면 예기치 않은 많은 사건을 경험할 수 있기 때문이지요. 하지만 A와 여행하는 이유가 그뿐만은 아닙니다. 그것은 많은 이유 중 하나일 뿐입니다.

라투르는 거시적인 것과 미시적인 것의 구분에도 의미를 두지 않습니다. 이종적 네트워크의 결과가 거대 기업일 수도 있고, 1인 창업자일 수도 있습니다. A와의 여행은 한때의 즐거운 추억으로 남기도 하고, 예상치 못한 효과를 가져오기도 합니다. 중요한 것은 그 결과로 나타난 일들이 얼마나 안정되고 다양한 연결망을 가지고 있는가입니다. 그러므로 집합체인 행위자들이 연결망에서 얼마나 약하게 혹은 강하게 결합되었는가를 살펴보면 되겠습니다.

책임의 문제

라투르의 행위자 연결망은 행위자와 행위자 간의 차이를 들여다보는 것이 아니라, '연결망' 자체에 관심을 갖습니다. A와의 여행 자체에 관심을 갖는다는 것이지, A와 나의 차이를 분별하려는 목적이 아니라는 뜻입니다.

연결망은 집합체를 만들어 내는데, 여기에는 책임의 문제가 포함됩니다. 권총 살인범을 예로 들어 봅시다. 권총 살인범은 권총을 들고 살인을 했을 때 성립하는 집합체입니다. 그런데 그 살인범이 권총을 놓아 버린다면 그는 더는 살인범이 아닙니다. 그렇다면 살인의 책임은 누가 져야 할까요? 권총 살인범이 범죄의 책임을 지려면 반드시 권총을 찾아 살인범 앞에 두어야 할 것입니다. 범죄를 성립시키기 위해 '증거 인멸'을 우려하는 것은 아마도 이런 이유에서일 것입니다.

물론 이런 설명으로 라투르 행위자의 '책임' 문제가 해소되는 것은 아닙니다. 그러나 중요한 것은 사물들의 행위 능력을 인정한다는 점이고, 우리는 사물들의 행위 능력이 빚어 낸 모든 관계의 결과로 이해될 수 있다는 사실입니다. 단도직입으로 말해 봅시다. 어제의 나와 오늘의 내가 어떤 의미에서 동일하다고 말할 수 있겠습니까? 우리는 꽃봉오리가 서서히 열리듯 지각하지 못하는 사이에도 변해 갑니다. 마치 **테세우스의 배**처럼 어느 것이 본질이라고 말할 수 없습니다. 도대체 책임의 실체가 사라진다면, 범죄의 책임은 누가 지는 것일까요?

집합체를 이루는 모든 행위자는 동등한 권리를 갖고 있습니다. 그러나 현실에서 행위자들은 약하기도 하고 강하기도 합니다. 그것은 존재론적인 차이가 아닙니다. 현실에서 인간이 사물에 비해 더 많은 힘을 가지는 것은 인간이 본질적으로 우월해서가 아니라는 뜻입니다. 사실상 인간 자체는 아무것도 드러내지 못합니다. 총을 들고 있는 인간이거나 노트북으로 글을 쓰고 있는 인간이거나 할 뿐입니다. 그들은 군인이기도 하고, 강도이기도 하며, 학생이기도 하고, 작가이기도 합니다. 만일 전쟁 중이라면 총을 든 군인이 힘을 가질 것입니다. 전쟁이 결코 일어나지 않을 상황이라면, 총을 든 군인은 지난 이야깃거리에서나 등장하겠지요. 만일 총을 든 사람이 전장에서 싸우는 것이 아니라 누군가의 물건을 훔치는 상황을 만들어 낸다면, 그는 강도가 될 것입니다. 군인 혹은 강도라는 결과는 여러 상황이 연결되어 만들어 낸 효과가 될 것입니다. 따라서 만일 범죄가 일어났다면, 그 책임은 한 '인간'에게만 있지는 않을 것입니다.

근대는 총과 인간, 노트북과 인간을 이분합니다. 총과 노트북은 한 인간의 의지에 따라 사용되는 수단에 불과했습니

테세우스의 배

그리스 신화에 등장하는 아테네의 왕 테세우스는 괴물 미노타우로스를 죽인 후 미노스 왕으로부터 아테네인들을 구출해 델로스로 가는 배에 오른다. 매년 아테네인들은 배를 타고 순례하며 테세우스의 전설을 기념했다. 그런데 고대 철학자들이 물었다. "수세기가 지나 테세우스 배의 모든 부분이 교체된다면 그 배는 원래의 배와 같은 배인가?" 하고 말이다.

다. 행위 능력을 가지고 있지 않은 총으로 사람을 죽였건 죽이지 않았건, 중요한 것은 그 총을 든 사람의 책임이 됩니다. 영화 〈마이너리티 리포트〉를 예로 들어 보겠습니다. 주인공 존(톰 크루즈 배우)은 세 명의 예지자를 통해 미래의 범죄자를 미리 찾아 범죄를 예방하는 수사관으로 등장합니다. 그런데 세 명의 예지자 의견이 일치하지 않을 때가 있는 것입니다. 예를 들어 2명은 일치하고, 1명이 다른 의견을 낸다면, 이 의견은 소수의견이 되어 폐기됩니다. 그래서 때로 억울한 사람이 생겨 버립니다.

　여기에는 분명 윤리적인 문제가 있습니다. 범죄가 성립될 만한 어떤 상황도 없이 어떤 사람은 범죄자가 되기 때문이지요. 아직 일어나지도 않은 범죄를 예방한다는 논리는 쉽게 받아들이기 어렵습니다. 범죄는 한 사람의 의지에 달린 것이 아니라, 범죄라는 결과가 일어난 상황이 만들어 내는 것이니까요. 거리를 걷던 여성이 위험에 처한 것은 그 여성이 거리를 걸었기 때문이 아니라, 여성을 위험에 빠트리는 사회적 상황 때문이라는 것입니다. 총은 범죄에 연루되었을 때 행위자와 함께 책임을 져야 하며, 여성이 위험에 처했을 때 여성이 혼자 거리를 걸을 수 없게 만든 사회가 책임을 져야 합니다.

근대 문명이 기후위기로 대변되는 생태위기를 초래한 이유는 인간을 중심에 놓고 세계를 줄 세웠기 때문입니다. 인간 중심의 세계에서 비인간 존재는 모두 목소리를 잃고 맙니다. 목소리를 잃은 존재들은 목소리를 가진 인간 존재에게 일방적으로 포섭됩니다. 동등한 관계 형성은 불가능합니다. 게다가 인간들은 이 위기에 책임을 진다는 명분을 내세우며 또다시 비인간 존재들의 목소리를 내리누릅니다.

하지만 인간이 책임을 통감한다면, 책임을 지는 가장 최선의 태도는 인간으로 인해 위험에 처한 존재들의 목소리에 귀를 기울이는 것입니다. 목소리가 들리지 않는다고요? 그럼 두려움을 느끼는 순간이 언제인지 집중해 보세요. 우리는 존재하지 않는다고 여기던 것들이 목소리를 내기 시작했다는 것을 인지한 순간부터 실은 두려움에 사로잡혔습니다. 이것은 이미 우리가 비인간 존재들의 능동성을 받아들이고 있다는 사실을 의미하지요. 절박해진 비인간 존재들의 외침으로 인간은 생태위기를 깨닫게 되었습니다. 이제 배제되었던 존재들, 예를 들어 돼지, 병아리, 강 등은 수단이 아닌 행위자로 드러나기 시작했습니다. 라투르의 행위자 연결망 이론은 비인간 존재들의 목소리를 인간과 다를 바 없는 행위 능력으로 간주했다는 점에서 의미가 큽니다.

다양성과 연결이
필요하다

생태위기로 인해 사물들의 행위 능력을 받아들이더라도 우리가 여전히 인간 중심의 패러다임에서 벗어나지 못한다면, 사물들의 행위 능력은 인간의 행위 능력에 비해 상대적으로 미약하게 여겨질 수밖에 없습니다. 결국 생태위기에 대처할 수 없게 되겠지요. 엄밀히 말해 생태위기는 인간의 입장에서나 위기이지, 비인간 존재, 즉 물질들 입장에서는 '반란'일 수 있습니다.

근대의 패러다임은 세계를 정화해 세계에 질서를 부여하는 것을 목표로 삼았습니다. 물질들의 반란 자체를 인정하지 않습니다. 근대인은 정화를 통해 야만으로부터 벗어나기를 희망합니다. 하지만 라투르는 이런 근대의 희망은 환상에 불과하다고 지적합니다. 정화했다고는 하나, 그것은 눈가림일 뿐이지요. 존재하는 것들을 존재하지 않는다고 억지를 부리는 것과 다르지 않기 때문입니다.

이성적인 것만이 합리적이라고 생각했던 근대인들은 물질로 가득 찬 혼탁한 세상에서 이성적인 것을 찾아내려 했습니다. 그래야 질서가 잡힌다고 본 것이지요. 전근대인들은 이 방법을 몰랐다는 것입니다. 하지만 실제로 물질은 우리의 삶에서 단 한순간도 사라지지 않았습니다. 기본적으로는 우리 몸도 물질이기 때문입니다. 자연은 곧 인간이고요. 그래서 자연의 종말은 곧 인간의 종말입니다. 인식을 바꿔야 새로운 패러다임이 가능해집니다.

생태위기는 근대 문명이 초래했습니다. 근대의 패러다임 뼈대가 이분법이었다면, 생태위기에 처한 지금 우리에게 필요한 것은 다양성과 연결의 구조입니다. 이렇게 패러다임이 바뀌지 않는다면 이 위기를 우리는 결코 무사히 넘길 수 없을 것입니다.

새로운 패러다임에서 자연은 행위 능력과 존재 권리를 인정받습니다. 여기서 존재 권리란, 자연은 인간에 의해 규정되지 않고 자기 존재에 대한 권리를 스스로 갖고 있다는 의미입니다. 라투르는 이를 '생태화'라고 합니다. 라투르는 자연과 문화로 가르는 것에 반대합니다. 그의 생태화는 배제되었던 물질을 부활시켜 이분법 구조를 해체함으로써 가능해집니다. 라투르의 생태화는 새롭게 부상한 패러다임인 신유물론이 싹을 틔우는 씨앗 역할을 했다고 볼 수 있겠습니다.

로지 브라이도티

Rosi Braidotti

로지 브라이도티Rosi Braidotti, 1954~ 는 이탈리아에서 태어
난 신유물론자이자 페미니스트입니다. 프랑스 소르본 대학교
에서 들뢰즈의 지도를 받아 1981년 철학으로 박사 학위를 받
았습니다. 들뢰즈뿐 아니라 **뤼스 이리가레**Luce Irigaray, 1930~ 의
영향도 받았고 **도나 해러웨이**Donna Haraway, 1944~ , **엘리자베스
그로츠**Elizabeth Grosz, 1952~ 와는 동료로 지냈습니다.

브라이도티는 신유물론적 페미니스트라고 합니다. 남성

뤼스 이리가레

벨기에의 페미니스트이자 철학자이다. 라캉의 정신분석학을 토대로 쓴
《하나이지 않은 성》이 대표작이다. 이리가레는 여성을 남성에 억압받는
존재로 파악하며, 남근 이성 중심주의를 비판한다.

도나 해러웨이

미국의 페미니스트로 테크놀로지 역사가(유기체와 기계라는 이분법 질서
를 해체하고 인문학과 기술의 접점을 모색하는 사람)로 알려져 있다. 〈사이보
그 선언〉으로 유명하다. 이 선언에서 인간과 기계의 경계를 해체하면서
인간은 이미 사이보그 즉, 혼종적 존재라고 말했다.

과 여성, 인간과 비인간의 경계를 해체하고 이들 간의 상호작용 혹은 연결성에 관심을 갖기 때문이지요. 그러니까 인간과 남성의 존엄성과 책임을 보통 강조하는데, 비인간과 여성의 존엄성과 책임도 강조해야 한다고 주장하지요. 인간 혹은 남성 중심적인 권력과 억압의 구조를 해체하고 공생할 수 있는 방법을 제시한다는 점에서 신유물론적 페미니즘은 정치적이고 윤리적이라고 말할 수 있겠습니다.

특히 브라이도티는 차이에 주목합니다. 이런 태도는 동일성 철학을 반성하게 합니다. 동일성 철학은 개별적인 것들을 보편적인 것 안으로 끌어들임으로써 차이를 거부합니다. 차이를 거부한다는 것은 개별적이고 구체적인 것들의 가치를 부정한다는 말과 같습니다. 모두가 같아질 것을 요구한다는 점에서 '폭력'이 될 수 있습니다. 페미니스트들은 이런 폭력에 저항하며, 배제된 개별적인 것들의 고유성을 인정함으로써 차이를 드러내려 합니다.

이런 페미니즘의 태도는 신유물론과 맞닿아 있습니다. 신유물론은 보편적인 것보다는 개별적인 것들 사이의 차이

엘리자베스 그로츠
호주 출신의 페미니스트 이론가다. 미국에서 활동하고 있으며 주로 젠더, 섹슈얼리티 등에 관해 연구한다.

에 집중하기 때문이지요. 보편적인 주체를 중심으로 하는 이분법 사고를 거부합니다. 보편만을 강조하면 구체적인 삶의 영역과 다양한 존재를 놓치게 되니까요. 숲만 보면, 그 숲속에서 살아가는 이름 없는 풀들은 잊힌다는 뜻입니다.

신유물론이라는 용어는 브라이도티와 **마누엘 데란다** Manuel DeLanda, 1952~ 가 처음 만들었습니다. 브라이도티는 1999년 출간한, 이언 뷰캐넌·클레어 콜브룩을 비롯해 여럿이 함께 쓴 《들뢰즈와 페미니즘 이론*Deleuze and Feminist Theory*》에서 이 용어를 처음 썼습니다.

마누엘 데란다

멕시코 출생으로, 1975년 이후에는 미국에 거주하고 있다. 들뢰즈 철학을 강의한다. 1990년대 후반 논문 〈도덕의 지질학, 신유물론적 해석〉에서 신유물론이란 개념을 처음 사용했다.

브라이도티는 보편적 주체를 거부하는 대신에 유목하는 주체를 받아들입니다. 주체는 더는 확고하게 자신의 위상을 지키고 있지 않습니다. 끊임없이 변신하는 주체로 인해 나와 너, 주체와 객체 간의 경계가 흐려집니다. 다시 말해 유목하는 주체는 보편적인 본질을 품는 변하지 않는 무엇이 아니라, '동물-되기', '타자-되기', '벌레-되기' 등, 경계를 넘나드는 변신하는 존재입니다.

도대체 이게 무슨 말일까요? 나는 인간인데, 동물이 되다니요? 하지만 이 말을 잘 음미해 볼 필요가 있습니다. 도대체 인간이란 어떤 존재인가요? 인간은 왜 동물이기를 거부하는 것일까요? 인간과 동물의 경계가 정말로 '생각'을 할 수 있느냐 없느냐일까요? 데카르트는 인간을 생각하는 존재로 규정하고, 인간 이외의 존재는 '생각'이라는 것이 없다고 말했으니까요.

'나는 너를 바라본다'고 합시다. 여기서 '나'는 주체입니다. '너'는 객체 혹은 대상이 됩니다. 나는 결코 '너'가 되거나 '대상'이어서는 안 됩니다. 나는 주체의 자리를 내놓을 수 없습니다. 나는 여성이고, 한국인이며, 보라색을 좋아하는 사람입니다. 여성, 한국인, 보라색을 좋아하는 사람은 모두 '나'를 가리키는 말입니다. 이외에도 나를 설명할 수 있는 것, 다시 말해 나의 속성은 무수합니다.

주어인 나는 변하지 않는 실체적 존재입니다. 실체란 앞서 말했듯이 다른 것에 의존하지 않는 독립된 개체입니다. 나 자신은 다른 어떤 것에도 영향을 받지 않고 존재할 수 있다는 의미입니다. 예를 들어 보라색을 좋아했지만, 노란색을 좋아할 수도 있습니다. 보라색을 좋아하건 노란색을 좋아하건 그것은 중요하지 않습니다. 좋아하는 것이 바뀌었다고 해도, 나라는 존재는 절대로 변할 수 없습니다. 이처럼 나라는 존재가 모든 것의 중심이자, 변하지 않는 실체로 설명되는 것은 내가 '이성'을 가진 존재이기 때문입니다. 즉, 인간인 나는 비인간인 모든 존재와 구별되는 특별한 존재가 됩니다.

유목하는 주체

나라는 이성적 존재는, 가변적이고 물질인 몸과 대비됩니다. 변하지 않는 것을 진리로 여긴 오랜 관습은, 무기력하고 게을러지기 쉬운 몸을 통제하고 관리하기 위해서였지요. 근대의 억압적인 이분법에 근거한 주체가 보편적 주체라면 브라이도티의 유목하는 주체는 억압적인 상황에서 벗어나 차이를 긍정합니다. 그리하여 브라이도티는 유목하는 주체가 보편적 주체와 달리 "재현에 관한 것도 인지에 관한 것도 아니며, 실천적 대안들의 표현과 현실화에 대한 것"[2]이라고 합니다. 보편적 주체는 본성을 유지하려는 반면, 유목하는 주체는 본성을 거부하고 이러저러한 모습으로 자신의 변신을 받아들입니다. 그래서 유목하는 주체는 본성을 재현하기를 거부하는 것이지요. 또한 보편적 주체는 대상을 판단해 인지함으로써 자신을 채워 가는 데 반해, 유목하는 주체는 자신의 현재 모습을 드러내는 것에 만족합니다.

유목하는 주체는 타자를 향해 열려 있습니다. 주체가 타자와 대립해 있다면 타자를 향해 열려 있지는 않을 것입니다. 주체가 타자와 대립한 경우에는 둘 중 하나의 태도를 취하겠지요. 나와 타자를 동일시하거나 대립시켜 구별하거나 하는 식으로 말입니다.

브라이도티에 따르면 타자는 주체의 판단에 의해 포섭되거나 배제되지 않습니다. 타자는 주체와 관계를 맺으면서 함께 생성하고 변신합니다. 타자를 향해 열려 있다는 것은 타자의 말에 귀를 기울이고 호응한다는 의미입니다.

유목하는 주체는 한곳에 머물러 있지 않습니다. 다양한 타자들과 만나 자신을 변신시킵니다. 이 말은 일상의 삶에 매몰되어 있지 않다는 말이지요. 우리가 변화를 두려워하는 이유는 편견을 갖고 있기 때문이기도 합니다. 지금보다 나빠질 수 있다는 두려움 같은 것이지요. 그러나 변화하지 않는 삶은 죽은 삶입니다.

유목하는 주체는 변신을 꿈꾸는, 생성하는 삶의 주체라고 할 수 있겠습니다. 머물지 않고 떠돌아다니기에 어떤 것과도 연결이 자유롭습니다. 무엇을 보고 누구를 만나느냐에 따라 자신을 변화시킵니다. 또한 특정 공간을 자기 집으로 삼지 않습니다. 모든 곳을 자기 집으로 삼습니다. 가고 머물고자 하는 모든 곳이 집인 것입니다. 머물러 있지만 언제든지 떠날 준비가 되어 있습니다.

떠나지 못하는 이는 두려움이 많은 사람입니다. 떠나는 이는 용기 있는 자입니다. 왜냐하면 언제든지 다시 시작할 수 있을 뿐만 아니라 새로운 삶을 만들어 갈 준비가 된 사람이기 때문이지요. 그래서 브라이도티는 주체라는 말이 품고 있는 위계의 의미를 제거하고, 잠재적인 가능성이 있고 생성을 하는 들뢰즈의 '리좀' 개념을 의미 있게 받아들입니다.

정리하자면 유목하는 주체가 된다는 건, 타자를 지배하

는 존재로서의 주체가 아닌 타자와 관계를 맺으며 끊임없이
변화해 갈 가능성을 가진 존재가 된다는 의미입니다.

브라이도티는 자신의 책 《변신: 되기의 유물론을 향해》에서 포스트휴먼 시대의 새로운 주체인 '여성-되기'에 대해 이야기합니다. 포스트휴먼 시대란 근대의 인간 중심주의를 넘어서 새롭게 인간을 이해하려고 시도하는 시대를 이릅니다. 그 시도의 예가 '여성-되기'와 '동물-되기' 등입니다.

브라이도티에 따르면 여성은 남성의 타자로서 여성이 아닙니다. 오히려 "여성성의 제도로부터 거리를 둔 복잡하고 다층적으로 체현된 주체"[3]로 이해되어야 한다고 브라이도티는 말합니다. 이 말을 쉽게 풀어 보면 다음과 같습니다. 오랫동안 여성은 감성적이고 수동적이므로 보호와 통제를 받아야 한다고 여겨졌습니다. 멋있는 것이 아니라 '예뻐야' 하고, 강하지 않고 '연약해야' 했습니다. 여성은 한 사람으로서 개별적이고 고유한 특성을 가지기보다는 여성이라는 범주에 갇혀 판단되었습니다.

그러나 '여성-되기'로서 주체는 '여성'이라는 단일한 범주에 묶이지 않는, 다층적으로 체현된 주체라는 것이지요. 체현된 주체란, 보편적이고 추상적인 주체라는 개념에 갇히지 않고 현실에서 자기 삶을 구체적으로 살아 낸 주체를 의미합니다. 조선 시대의 허난설헌과 근대 여성인 나혜석을 떠올려 봅시다. 두 사람은 '여성'이라는 보편적 틀에 갇히기를 원치 않았습니다. 비록 당대에는 불행하게 살았더라도 자기 이름으로 살아갔습니다. 즉 '체현'되었다는 말입니다.

모든 여성은 모두 자기 나름의 특별함을 가지고 있습니다. 그런 여성들을 '여성'이라는 하나의 이름 아래 묶을 수는 없습니다. 다시 말해 여성이라 불리는 개인은 모두 고유한 개체이므로 그 각각을 하나로 묶어서 판단한다면, 그것은 환상이거나 편견입니다.

'되기'의 힘

허난설헌도 나혜석도 자신으로 살고자 했습니다. 당시의 사회가 규정하는 '여성'의 범주에 묶이기를 원치 않았습니다. 브라이도티가 말하는 '되기'의 주체로 살아가려고 한 것이었지요. '되기'란 인내심을 가지고 재검토하고 재조정하며 구체적이고 세밀하고 다양한 방식으로 존재의 변신을 받아들이기입니다. 또한 주체와 객체라는 이분법으로만 파악하려는 근대의 지배 구조를 해체하려는 시도입니다. '되기'는 끊임없는 반복이며, 재기억입니다. 어제 보았던 당신은 오늘의 당신과 같지 않습니다. 매 순간 달라지는 당신은 당신 자신을 기억합니다. 그래서 어제의 나와 오늘의 내가 비록 다를지언정 같은 나라고 말할 수 있는 것이지요. 브라이도티에 따르면 오늘의 내가 되고, 내일의 내가 되는 '되기'란 횡단하는 힘입니다.

브라이도티는 유목하는 주체를 말할 때 '물질'을 강조합니다. 그 이유는 '과정'이 만들어 내는 '차이'를 이해하기 위해서입니다. 물질은 변하는 성질을 가지고 있습니다. 여기서 물질의 변화는 수동적 반응이 아니라, 능동적 변화입니다. 이것이 브라이도티가 신유물론자임을 확인할 수 있는 대목이지요. 물질(예: 책)과 비물질(예: 사랑)의 경계를 해체하기 때문입니다. 브라이도티에게 물질과 비물질은 실질적으로 구별될 수는 없습니다. 물질이든 비물질이든 항상 변하는 가운데 자신을 드러내기 때문이지요.

사랑을 예로 들면 나이가 들어 갈수록 사랑의 모습도 변해 갑니다. 만일 '사랑'이 보편적인 개념이라 변하지 않는 것이라고 생각한다면, 우리는 이성 간의 변해 버린 사랑을 이해할 수 없어 절망하게 될 것입니다. 사랑은 이성 간에만 나타나는 감정도 아닙니다. 어떤 관계냐에 따라 사랑의 모습이 달라지고 세월이 흘러가면서 사랑의 모습도 달라집니다. 사랑이 변하는 것에 불안해할 필요는 없습니다. 사랑은 과정 중에 있고, 그렇기에 차이를 만들어 갑니다. 더는 사랑이 '박제'된 관념으로 있지 않게 되는 것이지요.

물질이든 비물질이든 이렇게 과정이나 관계를 통해 차이를 드러냅니다. 사랑이 변하지 않는 관념으로 남아 버린다면 사랑의 다양한 모습을 체현하기는 어려울 것입니다. 과정을 강조한다고 해서 그 과정을 어떤 목적을 위한 것으로 생각하면 안 됩니다. 그렇게 이해한다면, 사실상 그 과정은 아무 의미가 없게 됩니다. 흔히 과정을 즐기라고 하지요. 여행을 한다고 생각해 봅시다. 여행의 의미가 과정을 즐기는 것이라면, 여행하는 동안에 겪는 모든 변수조차 소중해집니다. 만약 여행의 목적이 사진을 찍는 것에 있다면, 사진을 찍는다는 목적이 이루어지지 않는다면, 과정은 의미가 없고, 가능한 한 번잡스러운 과정은 생략하려 할지도 모릅니다.

과정은 변신하게 하고, 그것은 곧 차이로 이어지지요. 이 흐름은 브라이도티의 신유물론적 페미니즘에서 더 의미가 있습니다. 예를 들어 남성과 여성이라는 성차는 관념이 아니라 육체에서 나타납니다. 그렇다고 해서 브라이도티가 남성과 여성이 본질적으로 다르다고 주장하는 것은 아닙니다. 오히려 본질주의에 반대합니다. 본질주의에 따르면, 인간은 인간의 본질을, 동물은 동물의 본질을 가지고 있어서 결코 변할 수 없는 존재입니다. 여성은 여성으로 태어난다는 식이지요. 이때 여성 간의 차이는 인정되지 않습니다. 브라이도티는 이런 본질주의에 반대하고, '-되기'를 주장합니다.

브라이도티에게 몸은 물질로, 생물학이나 사회적인 범주 어디에도 고정되지 않는다는 사실을 기억해 두면 좋겠습니다. 몸은 다양한 현상이 중첩돼 드러나는 지점입니다. 몸은 계급, 인종, 젠더, 연령 등을 초월합니다. 특히 유목하는 주체와 관련해 몸을 설명해 보자면, 여성이라도 결코 같을 수 없으며 차이를 가지고 있다고 말하는 것입니다. 중요한 것은 자신이 있는 자리가 어디인가를 분명히 아는 것입니다. 지금 나는 어디에서 무엇을 하며 어떤 삶을 만들어 가는가? 자신의 자리를 만들어 가는 이들은 활기찬 연대도 가능해집니다.

브라이도티를 이해하려면 '전위'라는 개념도 알아야 합니다. 전위Transposition란 어떤 개념이나 사상이 다른 맥락이나 영역으로 옮겨지면서 변형되어 적용되는 것을 이릅니다. 예를 들자면, 브라이도티는 들뢰즈의 '되기'를 자신의 페미니즘적 사유로 옮겨 와서 '유목하는 주체'로 설명합니다. 브라이도티는 신유물론적 페미니즘을 정치적이고 윤리적인 문제로 전위함으로써 신유물론적 페미니즘이 나아가야 할 실천적 방향을 제시합니다. 이는 유목하는 주체를 말함으로써 더는 남성 주체의 재현을 반복하지 않겠다는 뜻이기도 합니다.

남근 이성 중심주의로 볼 때 여성은 타자입니다. 남근 이성 중심주의는 차이를 인정하지 않습니다. 여성을 주체에서 타자로 배제함으로써 폄하합니다. 브라이도티는 그 여성성을 거부하거나 피하지 않고, 오히려 '여성성'을 긍정적인 의미로 살려 냅니다. 여성에게 부여된 고정관념을 거부하고 다양한 층위의 여성을 담론의 주체로 끌어내고자 합니다. 즉 여성들의 다양한 삶의 모습, 즉 차이를 드러낸다는 것입니다. 여성의 몸이 물질이라는 것을 부정하지 않으면서 말입니다.

여기서 브라이도티가 말하는 물질은 구유물론을 염두에 둔 것이 아닙니다. 구유물론은 물질을 우선시하기는 하지만, 그 물질은 자발적이고 능동적인 주체가 아닙니다. 일례로 원자의 바깥에 초월적인 힘을 전제했기 때문이지요. 고대의 자연철학자 데모크리토스가 말한 원자는 초월적인 힘에 의해 우발적으로 움직인 것에 불과했으니까요. 반면, 신유물론은 물질 자체에 힘을 부여하고, 그 물질이 '되기'로 향한다고 말합니다. '-되기'란 끊임없는 변신의 과정이고요.

반-재현주의

브라이도티는 '-되기'를 '전위'로 설명합니다. '무엇이 된다'는 것은 '차이'를 드러내는 것이고, 전위를 통해 변신이 가능해집니다.

불변하는 본질이 없다는 것은 재현을 위한 원본이 없다는 말과 같습니다. 원본이 없으니 재현이 불가능합니다. 브라이도티는 원본이 없어 재현할 수 없는 상태를 '반-재현주의'라고 말합니다.

흔히 재현에 관해 이야기할 때, 화가들의 작품을 거론합니다. 여기 19세기 프랑스 화가 모네의 그림 〈파라솔을 든 여

모네의 〈파라솔을 든 여인〉

인)이 있습니다. 이 여인은 모네가 재현하고 싶었던 아내 카미유입니다. 아내를 사랑한 모네는 죽어 가는 아내의 모습조차 화폭에 담고 싶어 했습니다. 하지만 화폭에 담긴 카미유는 카미유가 아닙니다. 카미유의 실체는 어디에도 존재하지 않기 때문입니다. 실체가 없기 때문에 재현은 불가능합니다.

그럼 화폭에 그려진 카미유는 누구일까요? 근대 인식론자들은 대상의 실재에 대해서는 관심이 없습니다. 우리는 실재에 접근할 수 없고, 우리가 보고 만질 수 있는 것만 알 수 있다고 확정했기 때문이지요. 실재 자체를 부정하는 것이 아니라, 실재를 알 수 없다고 말한 것뿐입니다. 그래서 그들에게 재현은 관념이 된 대상의 재현입니다.

그런데 브라이도티는 '존재 자체', 이를테면 카미유 자체에 관심을 둡니다. 하지만 이 존재는 변하지 않는 본질로서의 존재가 아닙니다. '되기'의 과정에 있는 존재입니다. '변신'이라는 말이 등장하는 이유입니다. 카미유인 것은 맞지만, 그카미유는 어제의 카미유와 같지 않습니다. 오늘의 내가 내일의 나와 같지 않은 것처럼요.

한편 살아 있는 동안 함께한 카미유는 늘 같은 까미유였을까요? 그렇게 믿고 싶을 뿐, 단 한번도 같은 카미유가 아니었을 것입니다. 카미유는 늙어 가면서 생각이나 행동에 미묘

한 변화를 보였을 것입니다. 사랑하는 남편 모네뿐 아니라 카미유 자신도 깨닫지 못하는 사이에 말이지요. 그것은 카미유가 몸을 가진 존재이기 때문에 일어난 일입니다.

신유물론적 페미니즘

브라이도티가 말하는 '여성-되기'는 탈자연화뿐 아니라 자연화 모두를 넘어섭니다. 즉 여성임을 거부하지도 않고 고정된 여성성을 받아들이지도 않는다는 말입니다. 그렇다면 카미유는 이미 여성인데 여성-되기란 도대체 무슨 말일까요? 본질주의자들에게 여성-되기는 재현주의를 뜻합니다. 흔히 여성은 이러저러해야 하고, 남성은 이러저러해야 한다는 고정관념이 여기에 해당하겠지요. 카미유는 모네의 사랑하는 아내이기 이전에 다양한 관계에서 횡단하며 살아가는 유목하는 주체라는 말입니다.

그러므로 브라이도티에게 여성-되기는 여성을 수동적인 존재로 여기던 그간의 시각을 받아들이겠다는 의미가 아닙니다. 이런 시각이야말로 여성에게 덧씌워진 편견으로 보고 거부합니다. 브라이도티는 여성이 그간의 수동적 존재가 아니라 능동적으로 변화하는 능력을 가진 존재라는 이야기를 하고 싶은 거지요. 이것이 브라이도티의 신유물론이 페미니즘과 맞닿을 수밖에 없는 이유입니다.

살펴보았듯이 페미니즘 관점에서 볼 때, 여성-되기는 성별 이분법에 저항하고, 주체를 새롭게 구성합니다. 페미니즘은 남성 중심 사회에서 남녀 간의 불평등을 여성들이 자각하면서 시작되었습니다. 실존주의 철학자이자 페미니스트인 시몬 드 보부아르Simone de Beauvoir, 1908~1986에 따르면 여성은 "제2의 성"이었습니다. 스스로 주체이기를 원했던 여성들은 타자에 관심을 가지면서 자신을 재사유합니다. 하지만 타자에 관한 논의가 페미니즘을 본질주의에 머물게 한다면, 남성과 여성은 대립하고 갈등하는 상황에 머물 수밖에 없습니다.

정말 필요한 것은 본질주의에서 벗어나 여성과 물질을 다시 사유하는 일입니다. 주체와 객체, 남성과 여성, 정신과 물질의 두 축만으로는 세계를 설명할 수 없습니다. 본질주의는 남성과 여성이 본질적으로 다르다는 것을 전제로 합니다. 따라서 설령 남녀의 권력 관계가 페미니즘 운동을 통해 전복되더라도 이분법 구조는 유지되는 것입니다. 남성 대 여성이라는 이분법 말입니다. 브라이도티의 주장은 이런 '낡은' 이분법을 넘어섭니다. 그러면서도 주체 개념은 포기하지 않습니다. 왜냐하면 주체에는 능동적이라는 의미가 포함되어 있기 때문입니다.

앞서 말했듯이 브라이도티는 여성에게 능동적인 힘을

부여하고자 합니다. 즉 여성은 수동적인 존재가 아니라 스스로 변신할 수 있는 힘을 가진 능동적인 존재라는 것입니다. 그렇기에 브라이도티의 신유물론은 그의 "철학적 방법이자 개념적 틀이며, 정치적 입장"[4]이기도 합니다.

브라이도티는 휴먼을 넘어 포스트휴먼으로 나아가야 한다고 주장합니다. '포스트Post'라는 말이 붙었으니, '인간 이후의 인간' 혹은 '인간을 넘어선 인간'이란 뜻입니다. 그런 인간은 어떤 인간일까요? 두 가지로 나뉩니다. 비판적 포스트휴먼과 트랜스휴먼Transhuman입니다.

비판적 포스트휴먼은 인간과 비인간 존재들이 서로 경계를 넘나들며 영향을 주고받는 과정에서 변신하는 인간을 이릅니다. 반면 트랜스휴먼은 기술의 영향으로 더 강력한 힘을 가진 인간을 이릅니다. 이를테면 슈퍼맨이나 첨단기계의 도움을 받아 강력해진 인간이 트랜스휴먼이라고 하겠습니다.

비판적 포스트휴먼

브라이도티가 말한 포스트휴먼은 '비판적 포스트휴먼'입니다. 자신의 책 《포스트휴먼》에서 '되기'로서 포스트휴먼을 말하고 있습니다. 동물-되기로서 포스트휴먼, 지구-되기로서 포스트휴먼, 기계-되기로서 포스트휴먼입니다. 인간을 비인간들보다 우월한 존재로 보지 않는 것이지요. 인간은 지구에 거주하는 수많은 존재 중 하나일 뿐입니다. 인간은 지구를 관리할 권리도 부여받지 않았습니다.

그런데 트랜스휴먼은 여전히 인간이 지구의 관리자라고 생각하는 것 같습니다. 트랜스휴먼이 기술을 이용해 강화된 능력을 가진 존재라면, 비판적 포스트휴먼은 특별한 권리나 책임을 가진 존재가 아니라, 인간과 비인간 존재인 기계가 서로 연결되어 있는 것입니다.

사실 인간은 기계와의 혼종체, 즉 일종의 사이보그인 셈입니다. 예를 들어 나는 안경을 쓰고 있습니다. 우리는 흔히 안경을 쓰니 시력이 좋아졌네 하곤 넘어가지만, 엄밀히 말하면 나는 '안경을 쓴 인간'인 것입니다. 인간은 기술적인 것을 제거한 채 순수한 '인간'으로 존재할 수 없습니다. 보통 인간을 도구를 쓰는 존재라고 이해하는 것도 바로 이런 배경 때문이지요. 다만 브라이도티는 인간과 기술의 관계를 목적과 수단으로 보지 않을 뿐입니다. 즉 인간을 위해 기술을 사용하는 것이 아니라는 것입니다. 인간과 기술은 서로 협력하여 새로운 모습을 지닌 존재로 나타난다는 말입니다.

또한 브라이도티는 인간종 중심주의에서 벗어나 종과 종을 횡단하며 연대하기를 시도합니다. 이를 통해 우리가 모두 자연의 일부임을 드러내는 것이지요. 인간과 동물은 공생하고 연대하며, 관계를 새롭게 만들어 갑니다. 인간과 물질은 모두 지성적이고 자기 조직적입니다. 자기 조직적이란 자기 스스로 타자와 관계를 맺으며 자신을 만들어 간다는 의미입니다.

나는 어느 한순간도 물질과 관계 맺지 않은 적이 없습니다. 예를 들어 노트북과 관계를 맺고, 거리에서 우연히 만난 사람과도 관계를 맺습니다. 인간과 비인간으로 구별해 관계를 맺지 않는다는 것은, 인간만이 지성적 판단을 내린다고 생각하지 않는다는 말입니다. 내 앞의 노트북은 자료를 정리하는 나의 스타일에 따라 문서 파일들을 가지게 될 것이고, 나는 노트북 사양 등에 따라 문서를 노트북에 저장하거나 클라우드에 저장하게 될 것입니다. 나는 노트북으로 인해 나의 문서 관리 스타일을 결정할 것이고, 노트북은 내가 하는 일에 따라 프로그램을 추가하거나 삭제할 것입니다. 노트북과 나는 서로 영향을 주고받으면서 자기만의 스타일을 만들어 가는 것이지요.

이런 의미에서 브라이도티의 포스트휴먼은 생기론적입니다. 브라이도티는 포스트휴먼을 '기계-되기'라고 말합니다. 기계는 포스트휴먼이 되는 과정에서 욕망하고 긍정적인 힘을 갖게 된다는 의미에서 생기론적입니다.

'변화하는 몸'

브라이도티는 카오스모스chaosmos를 잠재력, 즉 변형적 가치들을 펼친다는 의미에서 '되기'를 위한 바탕으로 삼습니다. 카오스모스는 카오스chaos와 코스모스cosmos의 합성어로, '혼돈 속 질서'를 뜻합니다. 혼돈 속 질서는, 무질서가 아니라 무엇이든 될 수 있는 가능성을 가진 질서입니다. 그 질서 속에서 우리가 무엇이든 발견하고자 한다면, 우리에게는 그것을 가능하게 하는 힘이 생길 것입니다. 브라이도티는 익숙한 것이 아닌 낯선 것, 새로운 주체성을 발견해 나가는 데 즐거움을 느끼는 그런 주체가 되기를 제안합니다.[5]

포스트휴먼-되기는 무엇보다 변화하는 몸이 핵심입니다. 유목하는 주체 역시 몸으로 전개됩니다. 몸은 변신의 장소입니다. 더는 인간'만'의 몸이 아닙니다. 우리는 물질을 재사유하듯이 이 몸에 접근해야 합니다. 몸은 모든 차이를 드러내는 장소이자 문화적 공간입니다. 문화적 공간으로서 몸은 다른 몸과 관계를 맺으며 몸에 부여된 다양한 의미와 기호로 자신의 정체성과 위치를 구성해 간다는 말이지요.

이런 의미에서 몸은 세계와 소통하고, 창조하는 공간입

니다. 몸은 이질적이고 다양한 인공물과 결합하기도 하고 그 것들을 해체하기도 하며 존재론적 전회를 일으키기도 합니다. 존재론적 전회란 물질에 대한 기존 생각을 중단하고, 그 물질을 전혀 다른 방식으로 생각해 본다는 뜻입니다. 앞서 말했듯이 물질에 생기를 부여하면, 인간과 비인간 사이의 연대가 가능하고, 동시에 비인간 존재가 살아 있다는 사실을 인정함으로써 생명윤리에 대해서도 새롭게 생각하게 됩니다. 다시 말해 살아 있는 존재를 더는 임의로 삭제하지 않는다는 뜻이지요.

브라이도티는 자연과 문화를 분리하지 않습니다. 또한 기술과 인간을 분리하지 않습니다. '포스트휴먼-되기'는 다수와 '긍정적인' 관계 맺기입니다. 예를 들자면, 동네 고양이는 인간의 세계에서 힘없이 제거됩니다. 그들이 쓰레기를 뒤지고 어지럽히며, 밤이 되면 시끄럽게 울어 댄다는 이유에서지요. 브라이도티는 이 고양이 같은 비인간 존재들에게 활력을 부여합니다. 그들이 고통과 기쁨 등의 감정을 느끼고 무언가를 표현할 줄 아는 존재로 살아가도록 합니다. 이런 태도는 비인간 존재들의 삶의 가치를 삭제한, 인간 중심 사회가 만들어 낸 폭력적 사회에 대한 윤리적 대안이 될 수 있을 것입니다.

제인 베넷

Jane Bennett

미국의 정치학자이자 생태철학자인 제인 베넷Jane Bennett, 1957~ 은 라투르의 영향을 받았고, 사물의 생동성에 집중합니다. 사물의 생동성은 말 그대로 사물이 생기를 가지고 활동한다는 뜻입니다. 인간만이 아니라 사물에도 힘과 활력이 있다는 말이지요. 베넷은 시에나 대학교에서 정치철학을, 코넬 대학교에서 환경과학을 전공했습니다. 대학생 시절 정치철학자 **캐시 퍼거슨**Kathy Ferguson, 1950~ 으로부터 학문적인 영향을 받았고, 1986년에는 매사추세츠 대학교에서 정치학으로 박사 학위를 받았습니다.

베넷은 인간과 자연, 정신과 물질이라는 이분법을 횡

캐시 퍼커슨

미국 미네소타 대학교에서 정치학으로 박사 학위를 받았다. 뉴욕 시에나 대학교 교수를 거쳐 현재는 하와이 대학교 정치학과 교수다. 여성학 프로그램 책임교수이기도 하다. 현대 정치사상·페미니스트 이론·군사주의를 주로 연구하며, 특히 젠더와 군사주의 관계를 지구화의 맥락 안에서 연구하고 있다.

단하는 관점을 가지고 사유를 전개해 나갑니다. 주요 저서로 《무모한 신념과 계몽*Unthinking Faith and Enlightenment*》, 《현대적인 삶의 매혹*The Enchantment of Modern Life*》, 《소로의 자연*Thoreau's Nature*》, 《생동하는 물질*Vibrant Matter: A Political Ecology of Things*》이 있습니다. 이 중 《생동하는 물질》은 물질에 대해 새롭게 사유할 길을 연 저서로 평가받습니다.

사적 유물론

베넷은 자신의 유물론이 마르크스의 사적 유물론과 다르다는 점을 강조합니다. 사적 유물론은 사회 구조와 역사 발전의 원인을 '물질'에 근거해 파악하려 합니다. 인간은 살아가려면 먹고 마시고 자야 합니다. 음식, 집 등은 기본 수단인 것이지요. 이처럼 인간은 물질을 토대로 삶을 이어 갑니다. 물질이 생산되어야 하고, 물질의 생산은 인간의 노동 없이 불가능하지요. 결과적으로 사적 유물론은 노동을 인간의 삶을 유지하는 데 꼭 필요한 조건이자 가치로 여깁니다.

인간은 노동력을 향상시키기 위해 도구나 기계 등을 사용합니다. 향상된 노동력은 생산력 증가로 이어지지요. 생산력 증가는 인간 삶을 풍요롭게 하고요. 그래서 도구는 끊임없이 발전합니다. 산업이 발전한 것도 이런 배경 때문입니다. 현재의 첨단 기술은 과거와 비교하기 어려울 만큼 생산력을 증가시켰습니다.

하지만 물질의 생산을 증가시키려면 생산력만으로는 부족합니다. 생산관계도 중요한 영향을 끼칩니다. 분업과 협력의 관계를 통해 생산을 증가시킬 수 있다는 것이지요. 이런 생산관계를 상징하는 것이 컨베이너 벨트입니다. 컨베이너 벨트는 근대의 자본을 증가시키는 데 매우 중요한 역할을 했습니다. 이런 시스템뿐만 아니라 기업과 기업은 협력함으로써 생산력을 증가시키기도 합니다.

이처럼 생산력과 생산관계는 사회의 경제 구조를 형성하고 삶의 토대가 됩니다. 마르크스는 이것을 '하부 구조'라고 합니다. 그 위에 상부 구조가 들어서는데, 법과 정치제도 그리고 예술과 종교 등이 상부 구조에 포함됩니다. 이처럼 사적 유물론은 물적인 토대가 사회를 발전시켜 간다고 보았습니다.

생기적 유물론

그런데 여기서 '협력'이란 말을 살펴봅시다. 협력에는 권력을 중심으로 맺는 주종의 관계도 있고, 동등한 위치에서 공생하는 관계도 있으니까요.

베넷은 사적 유물론이 인간 중심적이라고 비판합니다. 인간의 노동과 그 가치를 가장 중요시하기 때문이지요. 이 경우 사물 즉 물질은 인간이 살아가기 위한 수단 그 이상도 이하도 아닌 거죠. 인간은 자기 노동으로 만들어 내는 결과물들을 자기 소유로 생각합니다. 멋진 테이블을 직접 만들고 싶어 목공소로 갑니다. 그런데 테이블을 만들려면 좋은 목재와 작업 도구들이 필요합니다. 도구가 좋으면 만들기가 아무래도 쉽겠죠. 하지만 테이블을 완성하는 데 가장 중요한 것은 완성하려는 내 '의지'입니다. 도구가 부실하다면 좀 힘들기는 하겠지만, 만들 수 없는 것은 아니니까요.

설계도에 따라 테이블이 멋지게 완성되었습니다! 그것은 내 노동의 결과물입니다. 내 노동이 가치를 발한 것이지요. 내가 만들었으니 그것은 내 것입니다. 여기에서는 노동의 가치와 노동의 결과로 나온 상품에만 의미가 있을 뿐, 테이블이 만들어지기까지 물질의 능동성은 거론되지 않습니다. 단 한번도 망치나 목재의 능동성에 대해서는 고려하지 않는다는 것입니다.

베넷은 이 지점에서 문제 제기를 합니다. 도구를 생산수단으로만 삼는 태도는 인간 중심적인 것이기 때문이지요. 그리하여 베넷은 인간 중심주의에서 벗어난 일원론의 입장에서 인간과 물질의 관계를 이해하는 생기적 유물론vital materialism을 주장합니다. 인간과 물질이 능동성과 수동성으로 이원화되지 않고, 물질도 인간처럼 생동하는 능동성을 가진다는 점에서 일원론입니다. 사적 유물론은 자연을 생산 수단으로 본 반면, 생기적 유물론은 자연의 활력에 주목합니다. 인간뿐 아니라 자연, 즉 동물과 사물도 정치적이고 능동적인 행위자로 본 것이지요.

사물을 행위자로 본다는 점에서 라투르와 입장이 같습니다. 다만 라투르는 인간과 비인간 행위자들 간의 '관계'에 집중했다면, 베넷은 비인간 행위자들의 '잠재력'에 집중했다는 점이 다릅니다. 관계보다는 사물 자체에 더 집중하는 것이지요. 사물 자체가 가진 활력이 인간과 관계를 맺으면서 새로운 파급력을 품게 된다고 말하는 것입니다.

이런 태도는 인간이 비인간 존재에 비해 특별한 존재가 아니라고 말하는 것입니다. 인간과 비인간은 활력을 갖고 있다는 점에서 동등한 존재라는 지적이지요. 인간과 비인간이 더 전략적이고 세심하게 관계 맺을 때 공생할 수 있다고 보았고요.

제인 베넷은 물질이 '살아 있다'고 합니다. 이 표현은 '의인화'가 아닙니다. 그럼 어떤 의미일까요? 베넷의 '생기적 유물론'이 무엇인지 살펴보면 알 수 있겠습니다.

생기론의 흐름

보통 '살아 있다'고 하면 '생명을 가지고 있다'는 의미로 받아들입니다. 생명=살아 있는 것, 물질=죽은 것으로 알고 있지요. 그런데 생명이 무엇인지에 대해서는 오늘날까지도 합의된 정의가 없습니다. 생명 있는 것과 없는 것 사이의 경계가 실로 모호하기 때문입니다. 바이러스처럼 경계에 위치한 모호한 존재도 있고, 최근엔 기계생명에 대한 논의도 있으니까요.

기계생명은 SF 장르에서 자주 다루어집니다. 예를 들어 미국 소설가 커트 보니것의 《타이탄의 세이렌》은 꽤나 흥미로운 상상력을 불러일으킵니다. 이 소설에는 기계생명이 등장하는데 생체와 기계가 합성된 유형입니다. 기계생명은 고장 난 몸의 부위를 갈아끼움으로써 불멸의 삶을 살 수도 있습니다.

보통 생기론vitalism이란 '생기vita'의 존재를 인정하는 관점을 말합니다. 생기를 뜻하는 라틴어 비타vita는 삶, 생명, 살아 있는 힘을 뜻합니다. 전근대 시대에 세계 모든 문화에서 찾아볼 수 있었던 애니미즘도 생기론의 일종입니다. 애니미즘은 모든 자연물에 영혼이나 정령이 존재한다고 믿는 것입니다. 나무의 정령, 바위의 정령 같은 식으로요.

좁은 의미의 생기론은 생물에서만 생기를 인정합니다. 아리스토텔레스는 식물과 동물, 인간에게 각기 다른 종류의 영혼이 있다고 보고, 그걸 바탕으로 생물 존재를 탐구했습니다.

이런 생기론은 17세기 근대에 들어서면서 의미가 좁아집니다. 데카르트는 오직 인간에게만 기독교적인 개념인 불멸하는 '영혼'이 있다고 보고, 이 영혼만 생기로 인정했습니다. 그 외 인간의 신체를 비롯해 동물, 식물 등 세상 모든 자연물은 철저하게 기계일 뿐이라고 주장했지요.

이런 기계론에 따르면, 물질은 스스로 움직일 수 없습니다. 외부에서 힘이 가해져야 합니다. 배터리가 떨어지면 스마트폰은 작동하지 않듯이요. 기계론의 관점에서 보면, 물질이나 기계는 모두 수동적이고 죽은 존재입니다. 그런데 여러분은 자신의 몸, 함께 사는 고양이, 강아지가 진정 기계라고 믿으시나요? 굉장히 이상한 생각이지요. 그런데 우리는 지금 온 세상을 그렇게 보고 있는지도 모르겠습니다.

19세기 중반 이후 기계론은 반발에 부딪힙니다. '비판적 생기론'이라는 새로운 흐름이 일어난 것이지요. 비판적 생기론은 20세기 초에 등장한 생기론의 한 형태입니다. 비판적 생기론은 기계론적이고 환원주의적인 자연관을 비판합니다. **앙리 베르그송**Henri-Louis Bergson, 1859~1941과 **한스 드리슈**Hans Driesch, 1867~1941가 대표적인 철학자입니다. 이들은 인간과 동물 몸에

앙리 베르그송

프랑스 철학자이다. '지속'이라는 개념을 통해 '시간과 운동', '의식과 생명'의 문제를 탐구했다. 여기서 생명이란 의식의 지속적인 흐름인데, 살아 있다는 것, 즉 생명이 이어진다는 것은 경험하고, 느끼고, 의미를 발견하고 만들어 간다는 뜻이다. 또한 베르그송은 생명은 지속적인 시간의 흐름 속에서 약동하고 창조적인 힘을 가진다고 보았다.

한스 드리슈

독일의 동물학자이자 철학자이다. 실험발생학 분야를 처음 만든 사람이다. 물질이 자기 조직적이고 지성적인 힘을 가지고 있다고 주장했다. 이 힘을 생명의 원리로 보았고, 엔텔레키entelechy라고도 한다.

한해서 '생기'라는 자발적인 생명력의 작동을 인정합니다. 생명의 복잡성과 창조성은 간과한 것이지요.

기계론에서 물질은 활력이 없고 죽은 것, 엄격한 기계적인 인과 법칙에 얽매여 있는 것이었습니다. 물질이 활력을 가지려면 외부에서 힘이 가해져야 합니다. 그래야만 운동과 변화가 가능합니다. 반면, 비판적 생기론은 생물들에게는 자신을 움직이는 생명력, 생기가 따로 있다고 보았던 것입니다. 비판적 생기론자들은 물질과 생명을 대립 관계로 보고 물질에 생명이 깃든다고 생각했습니다. 즉 물질은 죽어 있는 것이지만, 그것을 살아 있게 만드는 것이 생기라는 논리이지요.

비판적 생기론에서 말하는 생기 혹은 생명력은 기독교에서 말하는 영혼이나 애니미즘에서 말하는 정령과는 다른 것입니다. 생명력이 이것이다고 명확히 말할 수는 없지만, 생명력이란 것이 존재한다는 주장이지요.

비판적 생기론과
다른 점

그렇다면, 베넷의 생기적 유물론은 비판적 생기론과 어떻게 다를까요?

베넷은 《생동하는 물질》에서 자신이 말하는 '생기'를 이렇게 정의합니다. 생기란 사물들이 외부의 힘에 의해 움직이는 것이 아니라 스스로 자신을 변형하는 힘입니다. 달리 말하면, 사물의 역량을 가리키는 말입니다.[6] 인간이 버린 쓰레기는 매립지 안에서 '사라지지 않고' 활기 넘치는 화학물질과 휘발성 강한 메탄 등을 생성합니다. 이런 사례에서 보듯이 물질은 스스로 영향력을 미치는 힘을 만들어 냅니다. 베넷이 말하는 생기란 이런 물질의 활력에 관한 것입니다. 전기력도 한 예입니다. 전기의 활력인 것이니까요.

베넷이 생기론에서 말하는 생기는 비판적 생기론에서 말하는 생기와 크게 두 가지가 다릅니다. 첫 번째, 비판적 생기론자들은 생물에게만 생명력이 있다고 하지만 베넷은 무생물을 포함한 세상 만물에 활력이 있다고 말합니다. 두 번째, 비판적 생기론자들은 생기가 부여되는 것이라고 하지만 베넷은 물질 자체가 생기적인 것이라고 말합니다. 그러므로 베넷에게 물질은 활력적인 힘인 것이지요. 물질 자체가 능동적인 활력을 갖고 있기에, 베넷은 물질이 살아 있다고 말하는 것입니다.

베넷은 세계를 활력 없는 물질과 활력 있는 생명으로 나누어 분석하는 습관과, 물질과 생명이라는 이분법으로 나누어 배제하는 것을 비판하고, 이분법의 경계를 해체합니다. 베넷은, 사물은 생기를 불어넣어야 비로소 움직이는 것이 아닌 그 자체로 살아서 움직인다고 본 것이지요. 이것을 사물이 가진 기이한 능력, '사물-권력'이라고 합니다.

인간과 사물은
동등한 관계

베넷은 사물의 생동하는 힘과, 인간과 사물의 관계에도 주목합니다. 물질의 활력을 그 자체로 받아들일 때 우리는 물질의 가치를 알게 됩니다. 이제 더는 물질이 인간의 창의적인 활동을 위한 수단으로 사용되지 않습니다.

예를 들어 여기에 책상이 있습니다. 이 책상은 그저 내 앞에 있게 된 것이 아닙니다. 책상을 가구점에서 살 수도 있었겠지만, 저는 직접 만들었습니다. 먼저, 나무를 골랐습니다. 미송나무로 만들까, 편백나무로 만들까. 고민 끝에 편백나무로 결정합니다. 편백나무는 산에서 나무로 있을 때와 책상이 되었을 때가 다릅니다. 편백나무는 이제 멋진 책상이 되었습니다. 새 책상을 가지게 된 나는 한동안 신이 나서 열심히 공부를 합니다. 하지만 출근을 하게 되고 집에 머무는 시간이 줄어들면서 책상 앞에 앉는 일이 드물어집니다. 필요가 없어진 책상은 다른 사람의 방으로 옮겨집니다.

만일 인간의 관점에서 본다면, 인간인 나의 의지에 따라 책상은 사용되거나 폐기될 것이기에, 나무와 책상은 수동적일 수밖에 없습니다. 하지만 생기적 관점에서 본다면 나무와 책상은 또 다른 주체가 됩니다. 나는 미송나무가 아닌 편백나무를 선택했는데, 그것은 편백나무가 내 앞에 있었기 때문입니다. 만일 편백나무가 내 앞에 없었다면 나는 그 나무를 선택하지 못했을 것입니다. 편백나무의 관점에서 본다면 내가 편백나무 앞에 있는 것이죠. 이렇게 나와 편백나무가 만난 것입니다. 이런 의미에서 '나'라는 인간도, '편백나무'도 동등한 행위 능력을 가지게 되는 것입니다. 이때 만들어진 책상은 더는 변하지 않는 완결된 사물이 아니라, 여전히 활력을 가지고 새로운 무엇인가가 되기 위해 꿈틀거릴 것입니다.

여기서는 베넷의 핵심 개념 중 하나인 '사물-권력'에 대해 알아보겠습니다. 사물-권력Thing-power은 사물이 가지는 능동적인 힘을 말합니다.

사물-권력

베넷은 사물-권력을 다음의 예로 설명합니다. 재판에 참여한 배심원이 있다고 합시다. 배심원은 피고의 유무죄 판단을 위한 여러 증거를 확인합니다. 작은 유리병이 배심원에게 증거물로 반복해서 제출되면 그 유리병은 증거물로 더 많은 힘을 갖게 됩니다. 배심원의 판단이라기보다는 유리병이 가진 힘으로 인해 사건은 어떤 방향으로든 결정이 나게 된다는 것이지요. 이처럼 유리병은 음료가 담기는 용기 외에 증거물로서도 역할을 하는 것입니다. 이 예처럼, 사물들은 그 사물이 어떤 장소와 상황에 놓여 있는가에 따라 의미가 달라집니다.

사물-권력은 베넷이 라투르의 영향을 받았음을 확인시켜 주는 개념입니다. 유리병과 배심원은 각각의 행위소를 뜻합니다. 누구도 주체도 객체도 아니라는 것입니다. 다만 상황 속 물질들이 서로 어떤 관계를 맺는가에 따라 각자의 의미가 달라질 뿐입니다. 따라서 물질들은 주체도 객체도 아니고 인간과 비인간도 아닙니다. 베넷은 라투르의 행위자actor 개념을 행위소actant 개념으로 바꾸어 설명했을 뿐입니다.

인간과 비인간 그리고 주체와 객체라고 부르지 않고 라투르는 행위자, 베넷은 행위소라고 합니다. 그렇게 부르는 이유는 주체와 객체의 이분법이 보여 주는 위계적인 권력 관계를 없애기 위해서이지요. 주체라 하지 않고 행위소라고 하면, 주체가 가진 특별한 의지나 능력으로 인한 권력 관계를 해소할 수 있습니다.

재배치의 문제

베넷은 물질들이 인간 중심적인 질서가 아닌 새로운 질서 속에 재배치된다고 말합니다. 이 또한 라투르의 영향입니다. 하지만 새로운 질서를 아직까지 우리는 쉽게 받아들이기 어렵습니다. 예를 들어 사물 행위자는 법적 책임을 질 수 있을까요? 자전거를 타고 가다 넘어져 남의 집 화분을 깨트렸다고 합시다. 자전거를 탄 사람이 책임을 져야 할까요? 자전거가 책임을 져야 할까요? 베넷에 따르면 자전거도 책임이 있습니다. 인간과 마찬가지로 자전거는 자전거의 방식으로 책임을 져야 합니다.

또 쓰레기를 예로 들어 봅시다. 인간의 관점에서 쓰레기는 버려야 할 것, 쓸모없는 것입니다. 특히 여름날 음식물 쓰레기는 악취 탓에 그대로 두기 괴롭습니다. 쓰레기더미에 생겨난 엄청난 미생물 때문일 것입니다. 부패한 쓰레기에서 나오는 가스, 산업 폐기물에서 발생하는 중금속은 인간에게 '부정적인' 영향을 끼칩니다. 여기에서 '부정적'이라는 말에 주목하면 좋겠습니다. '누구'에게 부정적인 것일까요? 바로 인간입니다. 어쩌면 쓰레기는 악취로 자신의 존재를 드러내고 있는 것은 아닐까요? 인간에게 쓰레기로 불리지만 그들은 자신만의 삶을 살아갑니다.

쓰레기로 버려진 많은 것이, 다른 어떤 이들에게는 쓰레기가 아닐 수 있습니다. '완전한' 쓰레기는 존재하지 않습니다. 오히려 쓰레기는 관계가 만들어 낸 개념이지요. 요즘 쓸모없는 물건을 나눠 쓰는 시스템이 만들어지고 있습니다. 환경단체에서 나눔행사를 열기도 하고, 인터넷으로 중고 물품을 사고팔기도 합니다. 누구에게는 쓰레기인 것이 누구에게는 꼭 필요한 물건일 수 있습니다. 결국 쓰레기는, 관계 맺음이라는 '연결'이 끊겨 생겨난 현상일지 모릅니다.

사물은 '자기-조직적 활동'을 수행합니다. 자기-조직적 활동이란 스스로 자신을 만들어 가는 활동을 한다는 의미입니다. 자신의 운명은 자신으로부터 나온다고 해야 할까요? 사물이 자기-조직적 활동을 한다는 것은 사물이 행위 능력을 갖고 있다는 말과도 같습니다. 그뿐이 아니지요. 사물은 다른 사물, 다른 존재와 관계를 맺으면서 스스로 자신을 변화해 갑니다.

배치

사물은 외부의 힘에 의해서가 아니라 내적인 힘으로 움직입니다. 물질은 변화하고 창조하는 힘을 갖고 있습니다. 자연의 변화는 우리에게 예상치 못한 결과를 보여 주기도 합니다. 책상이 되는 것, 고양이가 되는 것, 이 모든 '되기'가 능동적인 힘입니다. 스피노자의 **코나투스**conatus처럼 자기 자신이고자 하는 노력이라고 말할 수 있겠습니다. 그러나 그 힘은 관계 속에서 교차하고 얽혀 새로운 것으로 재탄생합니다. 이런 과정이 '배치'입니다.

베넷이 배치로 행위 능력을 강조한 이유는 사물-권력('사물-역량'이라고도 한다)이라는 개념이 사물성을 지나치게 강조할까 봐서입니다. 사물성이라고 하면, 보통 사물이 가지고 있는 본성을 떠올리기 쉽습니다. 본성 혹은 본질주의에 따르면, 도토리나무는 도토리나무라는 본질을 그 안에 내재하고 있습니다. 그래서 베이거나 사라져도 도토리나무입니다. 베넷은 이런 본질 개념을 거부합니다. 오늘의 도토리나무와 내일의 도토리나무는 같지 않습니다. 오늘의 나와 내일의 내가 같지 않은 것과 같습니다. 존재하는 모든 것, 즉 사물들은 항상 변화하는 과정에 있다는 것입니다.

사물들은 서로 교차하고 얽힙니다. 이 과정에서 각각의 역할이 '배치'됩니다. 배치는 사물들의 생기적인 힘으로 가능해진 것입니다. 배치의 양상을 잘 들여다봅시다. 어떤 관계에서는 사물과 사물끼리만 관계를 맺고 인간은 빠져 있기도 합

코나투스

17세기 네덜란드 철학자 스피노자가 만든 말이다. 코나투스는 자신의 존재를 보존하려는 노력, 충동, 성향, 경향 등을 뜻한다. 모든 사물은 코나투스를 가지고 있기 때문에 그것이 사물의 본질이자 존재의 근거가 된다. 스피노자의 대표작 《에티카》에서 자세히 다루고 있다.

니다. 궁극적으로는 모두 연결되어 있더라도 그 관계의 양상은 같지 않습니다. 예를 들어, 봄이 되면 새싹이 겨우내 얼어 있던 땅을 뚫고 나옵니다. 여기서는 태양과 땅의 관계가 부각될 것입니다. 인간의 개입 정도는 매우 미약하다는 것이지요. 경우에 따라서는 인간은 마치 배제되어 있는 것처럼 여겨지기도 합니다. 모든 관계에 인간이 직접적으로, 그리고 가장 깊이 연결되어야 할 이유는 없습니다. 적어도 관계 맺음에서는 인간이 예외적으로 우월하지는 않다는 말이지요. 인간이 없어도, 혹은 다른 사물이 인지되지 못해도 사물들은 살아갈 수 있기 때문입니다. 가을 산을 오르다가 도토리를 발견할 때가 있습니다. 애써 가꾸지 않았는데도 도토리나무는 열매를 맺습니다. 이처럼 인간이 개입하지 않아도 무수히 많은 일이 '배치' 과정에서 일어나거나 사라집니다.

거듭 말하지만, 인간만이 생기를 가진 것은 아닙니다. 사물 또한 생기를 가지고 있습니다. 다만 사물의 생기는 사물에 불어넣는 숨(영혼) 같은 것이 아닙니다. 인간과 사물은 그 자체로 행위자로 활동하는 생기적 물질들입니다. 사물들은 홀로 살아가지 않습니다. 수동적 존재여서 그런 것이 아닙니다. 사물은 그 자체로 복합체이자 합성체입니다. 도토리가 햇빛과 바람, 흙과 물 등으로 만들어진 합성체인 것처럼, 모든 사물은 다양한 행위자로 이루어진 합성체입니다.

소설가의 작품을 예로 들어 보겠습니다. 소설가는 작품을 쓰기 위해 자신의 경험과 사유를 경유합니다. 물론 그것만으로는 작품이 나오지 않습니다. 컴퓨터도 있어야 하고, 원고지와 만년필도 필요할지 모릅니다. 혹은 누군가와 의견을 나누거나 누군가를 인터뷰해야 할 수도 있겠습니다. 소설가는 모든 관계를 적절히 배치합니다. 이 모든 배치는 소설가의 의지로만 결정되는 것이 아닙니다.

길을 걷다가 우연히 마주한 어떤 장면에서 혹은 거리에서 깔깔거리며 웃는 학생들의 얼굴에서 문장을 발견하기도 하니까요. 잰걸음으로 책상 앞에 앉았지만, 앞서 생각한 문장은 기억에서 사라지고, 창밖에서 불어오는 바람에 새로운 문장들이 만들어지기도 합니다. 소설가가 써 내려가는 문장은 단순히 글자들의 조합이 아니라는 것이지요. 이처럼 한 문장을 만들어 내기 위해 무수히 많은 존재가 연합을 합니다.

'배치'에서 중요한 것은 누구 혹은 어떤 절대적인 힘에 의해 배치가 이루어지는 것이 아니라는 점입니다.

사물이 '생동하는 물질'이듯이 인간 또한 생동하는 물질입니다. 인간과 사물이 활력을 갖는 데 특별히 다른 존재가 필요하지 않은 것입니다. 인간은 더는 물질에 능동성을 부여하는 정신적 존재로 설명되지 않습니다. 생물학자 **린 마굴리스**Lynn Margulis, 1938~2011는 "인간은 걷고 말하고 생각하는 '무기질'"이라고 말했습니다. 우리는 여러 무기질로 구성되어 있는 집합체이지, 단일체인 몸이 아니라는 의미입니다.

인간이 어떤 권력을 가진다고 말하는 것은 사실, 사물−권력이라는 말과 다르지 않습니다. 인간과 사물의 존재 방식이 다르지 않다는 의미이고, 이 말은 인간이 위계질서에

린 마굴리스
미국의 생물학자이다. '세포 내 공생설'을 주장했다. 이 가설은 서로 다른 성질의 원핵생물들이 생존을 위해 공존을 모색하다가 진핵생물로 진화했다는 주장이다. 마굴리스는 러브록의 '가이아 이론'을 지지하고, 발전시켰다.

서 상위에 있다는 믿음은 인간의 바람일 뿐이라는 통찰입니다.

"걷고 말하는 무기질" 인간

사물-권력은 인간을 '물질'로 바라보게 합니다. 인간은 정신적 존재가 아니라 몸적 존재이지요. 이런 시각은 근대의 소외된 몸적 존재들의 권리를 회복하고, 동시에 인간 소외 같은 고질적인 근대의 문제를 해결할 실마리를 제공합니다.

소외된 몸적 존재라니, 좀 의아할지도 모르겠습니다. 근대는 인간을 사유하는 존재로 규정했기 때문에, 몸으로 하는 모든 것을 폄하했습니다. 몸과 직접적으로 관련된 것들, 예를 들어 배설물 같은 것도 혐오했지요. 우리는 몸적 존재인데도 자신의 몸을 자신으로부터 소외시켰던 것입니다.

근대가 야기한 인간 소외 문제는 몸을 폄하하고 혐오하는 것과 맞닿아 있습니다. 근대는 인간을 정신과 몸으로 나누고, 인간다움을 '정신' 혹은 '사유'에서만 찾았습니다. 그러므로 인간 소외란, 몸과 관련된 일들을 하는 이들을 소외시키는 것이고, 인간 자신이 몸적 존재임을 거부함으로써 스스로를 소외시키는 것이기도 합니다.

자신을 몸적 존재로 받아들일 때, 우리는 근대, 특히 자본주의가 야기한 인간 소외 문제를 해결할 수 있으리라 기대

합니다. 또한 인간이 "걷고 말하는 무기질"임을 받아들일 때 우리는 베넷의 생기적 유물론이 동등한 관계에서 펼쳐진다는 것을 이해하게 됩니다.

도나 해러웨이

Donna Haraway

1990년대 사이보그 연구로 명성을 얻은 도나 해러웨이 Donna Haraway, 1944~ 는 콜로라도 칼리지에서 동물학을 전공하고 철학과 영문학을 부전공했습니다. 이후 프랑스에서 과학사와 과학철학을 공부하고, 다시 미국으로 돌아와 예일 대학교에서 생물학을 전공해 박사 학위를 받았습니다. 박사 논문은 1976년에 《수정, 조직, 그리고 장Crystals, Fabrics, and Fields》이란 책으로 출간되었습니다.

자연문화

다양한 영역을 거친 해러웨이는 자연과 문화라는 이분법을 거부하며 '자연문화natureculture' 개념을 제안합니다. 자연문화란 자연과 문화가 분리될 수 없음을 의미합니다. 그런데 근대는 자연과 문화를 분리하고 문화 아래 자연을 두었습니다. 문화는 인간이 자연을 지배하는 것을 정당화합니다. 예를 들면 인간은 자연에 인위적인 행위를 가함으로써 문화를 만들어 냅니다. 그것을 문명의 발전으로 평하고요.

　하지만 해러웨이는 자연과 문화로 구별하는 근대의 이분법이 문제가 있다고 지적합니다. 자연문화 개념은 해러웨이가 페미니즘, 인류학, 과학사 등을 경유하며 펼치는 신유물론 논의에서 중요한 키워드입니다.

해러웨이의 독특한 입장은 사이보그 개념에서 발견할 수 있습니다. 해러웨이는 자신이 "크고 작은 사안들로 이루어져 있다는 사실을 어느 순간 깨닫게 되면서"[7] 1985년에 논문 〈사이보그 선언〉을 발표합니다. 여기에서 해러웨이는 자연과 문화, 인간과 기계, 그리고 남성과 여성 등 모든 이분법의 경계를 해체합니다.

사이보그는 인공두뇌를 가진 생명체로, 기계와 유기체가 얽힌 혼종체hybrid입니다. 마치 허구적인 존재 같지만 실제로는 우리 모두가 사이보그라고 해러웨이는 말합니다. 안경을 쓴 나, 자전거를 타고 가는 학생, 마이크를 들고 강의하는 교수 등을 떠올려 보세요. 우리는 무수히 많은 사이보그를 만납니다. 그런데 왜 사이보그가 별개의 어떤 존재라고 생각할까요? 사이보그는 SF에만 존재하지 않는데 말입니다.

반려종

사이보그라는 혼종적 존재에 대한 해러웨이의 관심은 《반려종 선언*The Companion Species Manifesto*》에서 결을 달리하면서 확장됩니다. 해러웨이는 린 마굴리스의 '공동생성sympoiesis' 개념을 빌려와 반려종에 대해 이야기합니다. 해러웨이는 더불어 산다는 것, 함께 섞이고 얽힌다는 것에 대해 말합니다. 이것이 공동생성의 의미입니다. 이를테면 우리는 결코 혼자가 아니라는 말이지요. 주위를 한번 둘러봅시다. 우리는 결코 혼자서 살아가지 않습니다. 우리를 둘러싼 환경 또한 실은 우리와 함께하는 '반려' 존재들입니다. 그뿐입니까. 우리 몸은 수많은 미생물로 되어 있지 않습니까.

반려종 개념은 해러웨이가 신유물론자임을 말해 줍니다. 반려종은 물질들 즉 동물, 인간, 사물은 관심을 가지고 서로 얽히는 관계로, 서로의 살 속에서 감염되는 혼종체라는 의미입니다. 여기서 살은 우리 몸을 이루는 그 살을 말하는 것이니, 어렵게 생각하지 않아도 됩니다. 살은 아직 몸이라는 개체로 드러나지 않은 상태입니다. 인간을 예로 들면, 아직 이름을 부여받지 못한 존재를 말하지요. 반려종과 사이보그란 개념에서 우리가 주의를 기울여야 할 것은 실은 이 개념들은 모두 인간인 우리 자신에 관한 이야기라는 점입니다.

왜 반려인이 아니라 반려종일까요? 반려인이란 함께 살아가는 '사람'입니다. 한때는 반려인 이상을 생각해 볼 수 없었을 것입니다. 하지만 지금은 반려묘, 반려견 등 반려동물들도 가족으로 받아들이고 있습니다. '애완' 동물이 더는 아니라는 것이지요.

생물학 관점에서 보면, 개나 고양이와 인간은 서로 다른 종입니다. 해러웨이는 이런 분류에 동의하지 않습니다. 개나 고양이는 "인간과 의무적이고 구성적이며 역사적이고 변화무쌍한 관계를 맺는 종"[8]입니다. 개나 고양이는 인간과 함께 **공진화**해 오면서 변해 왔습니다. 인간은 이미 반려종이라는 것이지요.

한편 반려종은 반려동물보다 더 이질적인 범주입니다. 해러웨이는 반려종이라고 부름으로써 인간과 개가 서로에게 '감염'되어 있는, 다시 말해 서로 얽혀서 연결된 소중한 타자임을 환기시킵니다. 여기서 감염은 서로 얽히는 관계를 말합니다. 이를테면 우리는 식탁에서 같은 그릇에 담긴 음식을 먹

공진화

공진화는 공구성co-constitution이라고도 한다. 공진화는 종과 종의 경계에서 작동한다. 서로 다르게 살아온 종들이 함께 잘 지내는 상태를 이른다. 인간도 개도 반려종이다. 함께 지내면서 서로를 변화시키기 때문이다.

습니다. 같은 공간에서 숨을 쉬고, 서로 바라보며 웃음을 배워 갑니다. 감염은 서로를 닮아 가는 것 이상의 얽힘입니다. 우리는 모두 관계의 산물이라는 것이지요.

동력은 '관심'

반려종이 되려면 적어도 두 개의 종이 있어야 합니다. 반려Companion라는 말은 식탁에 둘러앉아 '함께 빵을 나눈다'는 라틴어 쿰파니스Cumpanis에서 비롯되었습니다. 우리말로는 식구라고 하지요. 종Species은 보다, 응시하다를 뜻하는 라틴어 스페체레specere에서 나왔고요. 두 말을 합치면, 반려종은 '서로를 따뜻하게 바라보며 식사를 나누는 관계'를 뜻합니다.

해러웨이는 종과 종이 서로 마주하게 하는 힘을 '관심'에서 찾습니다. 관심이 없다면 다시 볼 이유가 없습니다. 누구나 관심없는 사람과는 식사를 하고 싶어 하지 않습니다. 적어도 내 식탁에서 마주 앉아 식사를 하는 이와의 관계는 관심과 사랑이 전제입니다.

이때의 관심과 사랑은 '보호'와는 거리가 있습니다. 가족을 사랑하는 아빠가 있다고 합시다. 그는 아이들과 아내를 사랑합니다. 이런 가부장의 사랑은 '보호'로 나타납니다. 아이들과 아내는 보호 대상자로서 수동적인 존재가 됩니다. 뉴스에서 나오는, 가부장이 가족을 모두 살해하는 끔찍한 사건은 이런 구조에서 생겨났을 것입니다. 안타까운 일이 아닐 수 없습니다.

하지만 관심과 사랑이 서로에 대한 '존중'이라면 이야기는 달라집니다. 종과 종은 능동과 수동의 관계가 아니라 동등한 관계가 됩니다. 개나 고양이는 우리의 돌봄을 받지만, 그렇다고 해서 우리와 개나 고양이가 상하의 관계는 아닙니다. 오히려 서로에게 위안이 되고 도움을 주는 동료인 거지요.

그러므로 우리는 '반려종'의 의미를 정확히 이해해야 할 것입니다. 개나 고양이 그리고 사람은 이제 식탁에 함께 앉아 식사를 나눕니다. 서로를 응시하며 관심의 대상자로 식탁에 앉게 됩니다. 함께 밥을 먹는 것은 서로에게 감염되는 행위입니다. 이때 개나 고양이는 더는 가축이 아니고, 보호를 받아야만 하는 존재들도 아닙니다.

부부는 닮아 간다고 합니다. 반려인만 그런 것은 아니겠지요. 반려견이나 반려묘와 함께 살면 나와 그들 사이에도 얽힘이 작용합니다. 서로에게 감염되는 것이지요. 아침에 일어나 문을 열면 고양이 라임이가 "야옹~" 하며 소리를 냅니다. 그 소리에 나도 모르게 "야옹~" 하며 답해 줍니다. 가끔씩 라임이가 자신이 고양이인지 모르는 것은 아닐까 하고 생각해 봅니다. 사실 굳이 내가 인간이고 라임이가 고양이라고 구별할 이유가 있나 싶습니다. 이런 모습이 '반려종'들의 삶입니다.

해러웨이는 반려종 관계를 '친척'이라는 개념으로 지칭합니다. 친척은 생물학적으로 얽힌 인간관계입니다. 가족과는 달리 수평적인 관계를 강조합니다. 그래서 해러웨이는 "자식이 아니라 친척을 만들자"는 슬로건을 내세운 것입니다.

인간과 고양이는 함께 살면서 서로에게 감염되었습니다. 좋은 의미일 수도, 그렇지 않을 수도 있겠습니다. 모든 관계가 항상 좋을 수만은 없으니까요. 한편, 고양이와 인간 관계뿐 아니라 개와 인간, 인간과 인간 등등 관계의 양상은 아주 많습니다. 우리는 관계를 맺으며 살아가고, '함께'한다는 의미로 반려종 관계인 것이지요. 반려종의 최소 단위는 유전자가 아니라 '관계'가 되는 것이고요. 그래서 해러웨이는 《트러블과 함께하기 Staying with the Trouble》에서 미래의 지구인을 '인간-동물 공생자'로 상상합니다.

저는 고양이 라임이, 자몽이와 살고 있는데, 늘 사이가 좋은 것은 아닙니다. 어느 날은 제 옆에서 배를 드러내며 신뢰를 보여 주다가도 어느 날은 꼬리를 바닥에 탁탁치며 저를 귀찮아할 때도 있습니다. 그뿐인가요. 때로는 발톱으로 할퀴어 피를 보게도 하지요. 언제 그랬냐 싶게 품에 안겨 꾹꾹이를 할 때도 있고요. 사람 사이도 마찬가지입니다. 중요한 것

은 서로가 서로에게 책임을 지고 관계를 맺어 가겠다는 의미
의 반려 관계를 맺는 것이겠지요.

사이보그

해러웨이는 인간과 동물 등의 생물 사이 관계만을 생각
하지는 않습니다. 인간과 기술 혹은 인간과 기계 간의 관계도
배제하지 않습니다. 그러니까 기술을 굳이 옹호하지도, 두려
워하지도 않습니다. 자연과 문화는 분리되지 않기 때문입니
다. 그것은 종과 종의 관계와 다르지 않습니다.

인간은 무수한 사물들과 관계를 맺습니다. 노트북으로
글을 쓰고, 라켓을 들고 테니스를 칩니다. 작가가 되기도 하
고, 운동하는 사람이 되기도 합니다. 안경을 쓰면 글씨가 더
선명하게 보이고, 마이크를 들면 강의하는 동안 목이 편안해
집니다. 여행할 때 걷는 것도 좋지만 자전거나 자동차를 타기
도 합니다.

이처럼 인간은 기계와도 관계를 맺습니다. 이미 혼종체
인 것이지요. 우리는 기계를 통해서 자신을 확장합니다. 반려
인, 반려동물, 반려식물 혹은 반려기계 등 인간은 무수한 존
재들과 관계를 맺으면서 자신을 변화해 가고 있습니다.

해러웨이는 무수한 관계 중에서 인간과 기계의 관계를

'사이보그'라고 합니다. 사이보그 또한 자연문화적인 현상이라고 봅니다. 이를테면 인간은 순수하게 인간 자신인 상태로 있은 적이 없다는 것이지요. 앞서 설명한 것처럼, 인간은 기술 없이 행위할 수 없기 때문입니다. 심지어 무인도에서 산다고 해도 그렇습니다. 거기서도 생명을 유지하려면, 나뭇가지로 집이라도 지어야 하고, 새총을 만들어 새라도 잡아야 합니다. 이런 상태의 인간 역시 넓은 의미에서 보면 혼종체인 사이보그라고 할 수 있습니다.

해러웨이가 굳이 '자연문화'라는 복합 개념을 사용한 이유는 자연과 문화가 분리되어 있는, 각기 다른 두 개의 영역임을 거부하고, 분리 불가능한 얽힘과 연결의 관계라는 사실을 강조하기 위해서입니다. 마치 라투르가 자연과 문화로 가르는 것을 반대하고, 배제되었던 물질들을 부활시켜 이분법을 해체하고, 진짜로 존재하는 것은 인간과 비인간 행위자들 간의 복잡한 연결망뿐이라고 한 것처럼 말입니다.

사이보그는 유기체와 무기체인 기계, 물질과 비물질, 인간과 비인간의 경계를 부단히 횡단합니다. 〈사이보그 선언〉과 《반려종 선언》의 공통점이 이분법을 거부하는 것인데, 신유물론의 '새로운 가능성'은 이분법을 해체하면서 열립니다. 즉 새로운 가능성이란 물질의 활력을 인정하는 것뿐 아니라 물질들 간에 무엇인가가 생성될 수 있는 가능성을 말합니다.

우리는 모두 반려종입니다. 더는 주체와 객체로 나뉘지 않습니다. 이제 '관계'에 집중해야 합니다. 반려종에는 삶과 죽음이라는 유한성과 필연성이라는 개념이 추가됩니다. 신유물론에서 가장 중요한 개념이 '관계 맺기'라는 점을 감안할 때, '반려종'은 해러웨이가 신유물론자임을 가장 잘 드러낸 개념입니다.

공동생성

해러웨이는, 반려종에 관해 말할 때 분노를 넘어 '사랑'이라는 표현을 씁니다.[9] 반려종을 통해 함께 사는 법에 대해 이야기하려는 것이지요. 인류세로 들어서 세상의 종말이 임박했다는 현실에 한탄하고 분노하고만 있지 말고, 새로운 시각으로 삶의 가능성을 보자는 것입니다.

물론 사랑이 무조건 아름다운 행위로 나타나는 것은 아닙니다. 때로는 폭력적이지요. 해러웨이가 말하려는 사랑은

'함께 만들기, 함께 살아가기'입니다. 그래서 사랑이 일방적이어서는 안 되겠습니다. 그럼, 어떤 방식이어야 할까요? 여기서 앞에서 언급한 '공동생성' 개념이 등장합니다.

공동생성은 반려종 간의 공진화를 말하는데, 쉽게 말하면 '함께 만들기' 방식입니다. 예를 들어, 방과 후에 놀이터에 아이들이 모여듭니다. 두 명이 모이기도 하고, 세 명이 모이기도 할 것입니다. 모이는 순간 놀이가 시작됩니다. 함께 놀이를 만들어 간다는 것이지요. 이처럼 사랑도 함께 만들어 가는 관계라서 사랑이라는 표현을 쓴 것입니다.

한편, 해러웨이는 공동생성은 1998년 환경을 공부하던 캐나다 대학원생 베스 뎀스터Beth Dempster가 제안했다고 《트러블과 함께하기》에서 밝히고 있습니다.[10] 이 개념은 지구의 생명체들은 결코 혼자가 아니라는 뜻을 품고 있습니다.

공동생성 된다는 것은 오랫동안 지속적으로 관계를 맺으면서 새로운 조직, 기관 등이 형성되는 것을 말합니다. 체세포와 미생물 등 수없이 많은 존재가 내 몸을 구성합니다. 나는 이들과 함께 구성된, 다시 말해 공동생성 된 존재입니다. 함께하지 않으면 어떤 변화나 생성도 있을 수 없습니다.

해러웨이는 공동생성이라는 말의 뜻을 더 직관적으로 전달하기 위해 '실뜨기'를 예로 듭니다. 여러분도 실뜨기를 알고 있으리라 생각합니다. 실뜨기는 혼자서 할 수 없습니다. 그러니까 실뜨기는 함께 만들어 가는 세계를 비유한 것입니다.

해러웨이는 실뜨기에 참여하는 모든 존재를 '크리터critter'라고 부릅니다. 크리터는 미국식 영어로 보통 미생물을 뜻하는데, 신의 창조물인 '크리처creature 외의 기이한 혼종체'를 일컫습니다. 예를 들면 반려종은 동물도 인간도 아닌 경계가 모호한 존재들입니다. 크리터라는 개념 자체가 공동생성된 혼종체를 가리키는 것이지요. 크리터는 비인간, 무기체, 인공지능 로봇 같은 기술로 만든 인공물도 포함합니다. 특히 지금과 같은 테크놀로지 시대, 포스트휴먼 시대의 크리터 몸들은 다른 크리터들과 서로 교환되고 뒤섞이는 사이보그 성격의 혼종체가 됩니다.

크리터들 간의 만남은 실뜨기의 관계망에서 뒤얽히며 경계를 넘나듭니다. 이 실뜨기 망에서 종과 종은 서로의 차이를 존중하며 만납니다. 실뜨기는 상대가 어떻게 참여하느냐에 따라 그 모양이 달라지고 변형됩니다. 이것이 함께 되기, 공동생성의 존재론적 안무이지요. 해러웨이에게 중요한 건 바로 이런 실뜨기의 얽힘과 그 효과입니다. 해러웨이는 관계를 맺기 전에는 독립적인 개체성이 있을 수 없다고 보았습니다. 개체성이란 이런 실뜨기의 관계망에서 생성되는 것이니까요.

테라폴리스

크리터들은 테라폴리스Terrapolis라는 곳에서 삽니다. 테라폴리스는 Terra(땅 혹은 지구)와 Polis(정치체제)를 합성한 말입니다. 폴리스는 고대 그리스의 민주 정치체제를 이르는 말입니다. 폴리스 시민들은 모두 동등한 권리를 갖고 있습니다. 그러므로 땅에 거주하는 모든 인간과 비인간 존재는 동등한 권리를 가져야 합니다. 테라폴리스에서 살아가는 인간, 비인간 모두가 크리터들이니까요. 이들은 협상도 하고 연대도 하고 싸우기도 합니다. 더는 인간이 아닌 자들이 경계를 넘나드는 것에 대해 염려하지 않아도 됩니다.

테라폴리스에서 수많은 연결망으로 관계를 맺는 이들은 함께 삶을 엮기도 하고 풀어 가기도 합니다. 그래서 서로에 대해 묻고 답하는, 즉 응답 능력을 키우는 것이 중요합니다. 응답하지 않는다면 실뜨기는 끝납니다. 공생이 아닌 공멸인 것이지요. 상상해 봅시다. 실뜨기를 멈추면 실은 어떻게 될까요? 느슨하게 풀어져서 놀이를 하던 이들의 손에서 빠져나갑니다.

우리가 염려해야 할 것은 '인간'의 응답 능력입니다. 테라폴리스에서 인간은 응답 능력을 잃어버리고 있기 때문입니다. 인간으로 인해 다른 비인간 크리터들이 위태롭게 되었다는 것이지요. 인간은 테라폴리스에서 공생하는 삶을 거부하고 예외적인 존재로 남기를 바랍니다. 그로 인해 자신뿐 아니라 비인간 존재들의 삶마저 훼손해, 공멸의 위기에 놓인 것입니다.

해러웨이는 테라폴리스의 크리터들이 공생하려면 인간이 '퇴비'가 되어야 한다고 촉구합니다. 인간 중심주의에서 벗어나자는 제안이지요. 퇴비는 거름입니다. 박테리아가 죽은 유기체를 먹은 후 배설한 것으로, 농작물을 키우는 데 쓰입니다. 해러웨이가 퇴비로 말하고자 하는 것은 삶과 죽음의 계속성입니다. 퇴비는 크리터들이 만들어 내는 반려종으로, 인간과 비인간 모두 만들어 냅니다. 해러웨이는 부식토가 되는 퇴비의 성질, 즉 부식토성이 인간성을 대신해야 한다고 말합니다.

퇴비가 된다는 것

퇴비가 된다는 것은 썩어 없어진다는 말이 아닙니다. 퇴비가 된다는 것은 새로운 생성을 위한 준비입니다. 함께 만들어 가는 삶, 즉 공생을 위한 것이지요. 여기서 공생은 '상호 이익'을 염두에 두지 않습니다. 우리는 모두 먹고 먹히는 생生과

사死의 관계에 있습니다. 퇴비 또한 그렇습니다. 공생은 보통 우리가 알고 있는 상생을 의미하지 않습니다. 상생은 소멸을 생각하지 않으니까요. 공생은 소멸까지 생각합니다.

퇴비가 된다는 것은 공동생성을 위한 과정입니다. 퇴비가 되어 다른 싹을 틔우기 때문입니다. 싹은 자라서 줄기와 잎, 열매를 맺고 이윽고 다시 퇴비가 되는 순환 과정을 겪습니다. 그래서 해러웨이는 생명을 우선시하는 것이 아닌 '지속'을 우선시하는 태도가 필요하다고 말합니다. 인간은 진화의 결과물이지, 인간이기 위해 진화를 거쳐 온 것은 아닙니다. 끊임없이 관계 맺고 생성하고 소멸하는 과정의 결과가 인간입니다. 그러므로 자신의 생을 위해 다른 존재의 죽음을 요구하지 않습니다. 오히려 자신이 생성의 거름이 되어야 하지요. 그래서 마굴리스는 인간이 신의 창조물이 아니라 "미생물들 간의 상호 작용의 산물"이라고 말하는 것입니다.[11]

미생물들은 우리가 먹는 음식으로 배설물을 만들고 그 배설물로 우리 몸을 유지시킵니다. 우리 몸은 다시 배설물을 몸 밖으로 내보내고요. 그 배설물은 땅속 생물들의 먹이가 되고, 새로운 생명들을 탄생시킵니다. 우리 몸에는 수많은 미생물이 공존합니다. 인체 세포가 차지하는 비율은 그렇게 높지 않습니다. 미생물 없이 인간은 생존할 수 없습니다. 미생물들이 우리 몸의 대사, 영양, 면역 등에 관여하기 때문입니다. 그러니 인간에게서 미생물이라는 비인간 존재를 분리할 수는 없지요.

이런 상황에서도 인간의 순수성을 이야기한다면 그것은 비인간 존재를 애써 부정하려는 태도일 뿐입니다. 다시 말해 결코 퇴비가 되지 않겠다는 몸부림은 스스로를 죽이는 행위와 다를 바 없습니다. 문제는 자신만 죽는 것이 아니라 인간 몸 안에서 공생하고 있는 미생물들까지 생성 없는 죽음의 길로 이끈다는 점입니다.

이제 우리가 먹는 음식이 중요해졌습니다. 더 중요한 것은 무엇을 먹는가가 아니라 무엇을 배설하는가입니다. 왜냐하면 배설물이 몸을 살리는 '먹이'이기 때문이지요. 우리가 먹는 음식은 장 안에 살고 있는 미생물들의 먹이입니다. 미생물들은 우리가 먹는 음식을 먹고 배설을 합니다. 우리 몸은 그 배설물로 생존할 수 있습니다. 그러니 우리는 배설물로 이루어진 퇴비입니다. 퇴비라는 것을 인정할 때 우리는 인간뿐 아니라 비인간 존재를 인정하고 공생을 받아들이게 됩니다. 해러웨이에 따르면, 퇴비는 무수한 종이 얽혀 산출해 낸 것입니다. 반려종들의 삶과 죽음이 얽힌 형상이라 하겠습니다.

해러웨이는 인류세 개념을 대신해서 '툴루세Chthulucene'

를 제안합니다. 해러웨이가 보기에 인류세란 말은 하늘 아래와 땅 위에서 벌어지는 위계적인 지배라는 뜻을 내포하고 있기 때문입니다.

툴루세는 "손상된 땅 위에서 응답 능력을 키워, 살기와 죽기라는 트러블과 함께하기를 배우는 일종의 시공간"[12]을 가리킵니다. 즉 '함께 죽고, 함께 살아가는 연대의 공간'을 뜻합니다.

해러웨이는 땅과 땅속의 것들에 관심을 가집니다. 땅은 삶과 죽음이 교차하고 공존하는 공간입니다. 인간은 죽어 땅속으로 가고, 땅속의 미생물은 다시 새로운 생명들을 피워 냅니다. 특히 땅속에는 우리가 미처 생각하지 못했던 존재들, 퇴비들과 벌레들과 지렁이 등이 함께 살아가고 있습니다. 이러한 것들이 실제로는 우리를 살아가게 하는 것이지요. 그래서 해러웨이는 이제 땅속의 것들과 함께, 다시 말해 낯선 것들과 함께 살아가는 것이 가치 있는 일임을 강조합니다.

해러웨이는 좋은 반려 관계가 되려면 노력이 필요하다고 말합니다. 관계 맺기를 시작한 이상 노력하지 않으면 그 관계는 쉽게 깨어지고 맙니다. 반려종인 '나'는 내 몸을 구성하는 무수한 존재와 좋은 관계를 유지하는 것이 좋습니다. 그래야 잘 걷고 잘 먹고 푹 잘 수 있습니다. 그건 건강하다는 말입니다. 건강을 유지하기 위해 노력하지 않으면 몸은 금방 무너지고 맙니다. 누구나 건강한 몸을 유지하기를 원하지만 그런다고 해서 다 그렇게 되지 않는다는 것을 우리는 경험을 통해 알고 있습니다.

그렇다면 어떻게 해야 좋은 관계를 맺을 수 있을까요? 좋은 관계는 일방적이지 않습니다. 서로 영향을 주고받는 관계여야 한다는 말입니다. 어느 한쪽이 주체적인 힘을 가지고 통제하고 관리해서는 안 된다는 것이지요.

'몸이 말하는 소리를 들으라'는 말을 많이 들었을 것입니다. 몸이 말하는 소리를 듣는다는 것은 좋은 관계를 유지하기 위한 첫걸음입니다. 몸이 말하는 소리는 무엇일까요? 우선 몸이 단일하지 않다는 사실을 인정해야 합니다. 몸은 집합체입니다. 몸에는 인체를 이루는 세포와 수많은 미생물이 함께 살고 있습니다. 어느 것 하나 소홀히 대할 수 없습니다. 어떤 몸이 되느냐는 몸을 구성하는 존재들이 어떤 방식으로 관계를 맺느냐에 달려 있기 때문입니다. 가장 좋은 방법은 '공생'입니다. 세포와 미생물들이 공생하며 지금의 내가 되었기 때문이지요. 공생 관계에 있는 것들의 목소리를 잘 들어야 하는 이유입니다.

공생의 조건, 관심

미생물들의 중요한 활동 중 하나는 면역계를 훈련시키는 것입니다. 만일 훈련이 잘못된다면 우리 몸은 위험해질 수 있습니다. 위험해지지 않으려면 미생물들이 무엇을 하는지 잘 알아야 합니다. 이런 것이 '관심'이지요.

관심은 공생의 조건입니다. 해러웨이는 관심을 가지려면 훈련이 필요하다고 말합니다. 훈련의 중요성을 강조하기 위해 함께 사는 개 '헌'을 예로 듭니다. 인간과 개는 각각 다른 연합체로 구성된 반려종들입니다. 함께 살려면, 서로를 존중해야 하는 것은 당연하지요. 만일 서로를 성공적으로 훈련시켰다면 공생 또한 성공적일 것입니다. 훈련은, 키우고 보호하는 관계가 아닌 서로를 존중하는 반려 관계가 되도록 합니다. 서로를 묶어 두지 않지요.

오랫동안 개와 인간은 순종-지배의 관계로 이해되어 왔습니다. 보통 개는 충직하고, 고양이는 인간에게 종속되지 않는 존재로 평합니다. 고양이와 함께 사는 인간을 '집사'라고 부르는 이유지요. 이런 태도는 인간이 비인간 동물 반려종을 지배의 대상으로 보고 있음을 잘 나타냅니다.

해러웨이는 반려종들은 서로에게 길들여질망정 서로를 구속하지는 않는다고 말합니다. 길들이는 관계에서는 서로 돌보고 서로 책임감도 가집니다. 함께 먹고 자고 생활하면서 서로에게 길들여지고 그 결과 우리는 어떤 변화를 경험합니다. 함께하기 전과 후가 같을 수 없습니다. 함께 생성과 소멸의 과정을 겪는 사이니까요.

인간과 인간의 소통도 어려운데, 인간과 개의 소통은 말해 무엇하겠습니까. 그래서 '훈련'의 과정이 필요한 것이지요. 소통한다는 것은 훈련의 과정을 거쳐 서로를 변화시키는 행위입니다. 해러웨이는 이렇게 변경된 형태를 '이형변이 metaplasm'라고 합니다. 변경 목적이 뚜렷하든 아니든 변경된 모든 경우를 이릅니다.

예를 들어 아침에 방문을 열면 고양이 라임이와 자몽이

가 문 앞에서 "야옹~" 합니다. 밥을 달라는 것이지요. 때로 잘 못 알아듣기도 합니다. '간식'을 달라는 의미일 수도 있으니까요. 만일 제가 간식을 달라는 의사 표현임을 정확히 알고 간식이 놓인 선반으로 가면 고양이들은 바로 제 아래로 모여들겠지요. 처음부터 서로가 원하는 것을 바로 알아채는 것은 아닙니다. 시간이 지나면서 이해하는 사이가 된 것이지요. 저와 고양이들의 관계에서는 "야옹~"이나 "간식" 같은 소리는 중요하지 않습니다. 우리는 오랜 시간 함께 보낸 덕분에 서로를 이해하는 특별한 언어가 생겨난 것이지요.

몸들은 만나고 헤어지면서 다양한 경험을 합니다. 그 경험들이 다른 몸으로 변화시킵니다. 그러므로 지금의 이 몸은 수많은 몸의 집합체가 되는 것입니다. 오늘 먹은 음식과 내일 먹을 음식은 같을 수 없습니다. 같은 과일이어도 당도가 다르고 크기도 달라질 것입니다. 물도 마찬가지입니다. 단 한순간도 같은 물을 마시지 않습니다. 이처럼 우리는 매 순간 만나고 해체되는 경험을 합니다.

이 과정에서 인간만이 의도를 가지고 선택한다고 생각하면 안 됩니다. 인간을 포함한 삶의 놀이에 참여하는 모든 크리터가 서로에게 반응을 합니다. 이 반응은 수동적이지 않습니다. 모든 크리터가 응답 능력을 갖고 있습니다. 마굴리스가 "세포도 의식이 있다"고 한 말을 우리는 이해해야 합니다.

카렌 바라드

Karen Barad

양자물리학을 연구하기도 한 카렌 바라드Karen Barad, 1956~
는 이론물리학으로 스토니브룩 대학교에서 박사 학위를 받
았습니다. 이 때문에 바라드의 철학은 양자물리학의 양자 얽
힘이나 불확정성 원리, 이중슬릿 실험의 결과 등에 토대를
둔 개념들로 구성되어 있습니다. 바라드 철학의 핵심 개념인
얽힘, 내부-작용, 존재-인식-윤리의 분리 불가능성, 물질의
물질화와 생성 등은 양자물리학의 성과와 떼어 놓고 설명하
기 어렵습니다.

이런 배경 때문에 카렌 바라드의 신유물론 특징 중 하나
가, 양자물리학 같은 과학의 성과와 밀접한 연관을 갖고 전개
된다는 것입니다. 인간 중심의 사유에서 벗어나 물질의 행위
성과 물질의 실재성을 강조하는데, 이런 특성을 물리학 용어
로 풀어 내는 것이지요.

행위적 실재론

바라드는 자신의 철학을 '행위적 실재론'이라고 규정합니다. 행위적 실재론은 간단히 말하면, 행위자는 행위함으로써 실재한다는 말입니다. 이처럼 행위적 실재론은 '실재', 즉 존재의 '행위'와 '생성 능력'을 강조합니다. 특히 물질의 능동적인 행위성과, 물질이 의식과 상관없이 존재한다는 것을 근본적으로 강조한 이론이라고 할 수 있습니다. 여기서 행위성이란 인간의 의도와 상관없이 생성되는 과정입니다. 물질은 고정된 속성을 가지는 것이 아니라 매 순간 변화한다는 것이지요.

그래서 바라드에게 물질은 '과정'에 있는 현상입니다. 이때 물질은 비상관주의적입니다. 비상관주의란 의식과 상관없이 존재하는 것을 이릅니다. 반면 상관주의는 존재하는 것은 모두 의식과의 관계 속에서만 의미를 가진다고 보는 철학적 입장이지요. 근대 철학은 물질 혹은 대상을 의식과의 관계에서만 의미를 가지는 것으로 설명한다는 점에서 상관주의이자 의식철학이라 하겠습니다. 메이야수는 근대의 의식철학을 상관주의 철학이라고 비판했습니다. 예를 들어 바위가 있어도 인간이 의식하지 않으면 존재하지 않는 것으로 취급하기 때문이지요. 인간만이 의식을 가진다고 본다면 이는 인간 중심적인 사유와 다르지 않습니다.

바라드의 행위적 실재론은 신유물론이 철학계에서 본격적으로 두각을 나타내는 데 큰 기여를 했습니다. 페미니즘 철학계에서도 바라드의 철학을 폭넓게 받아들이고 있습니다.

바라드는 철저한 관계주의자입니다. 사물은 다른 사물과 관계 맺음 없이 그 자체로 독립적으로 존재한다고 보는 것이 실체주의적 관점이라면, 어떤 사물도 다른 사물과 관계 맺음 없이는 그 사물로 존속할 수 없다고 보는 것이 관계주의적 관점입니다. 들뢰즈, 라투르 같은 많은 현대 철학자가 관계주의자입니다.

다만 바라드는 매우 급진적인 관계주의를 지향한다는 점이 다르지요. 흔히 이 세상을 독립되어 있는 개체들의 집합체라고 생각합니다. 개체들이 상호 작용을 한 결과가 지금 이 세계의 모습이라는 것이지요. 바라드는 세계에 대한 이런 설명을 부정합니다. 더더구나 우리가 '개체'라고 부르는 것들은 모두 분리될 수 없는 관계, 즉 얽힘의 관계에 있는 현상이라고 말합니다. 그런 현상들이 드러난 것이 개체일 뿐이란 것이지요.

바라드에게 존재의 기본 단위는 독립된 사물이 아니라,

얽힘의 관계입니다. 바라드는 그 얽힘의 상태를 '현상'이라고 부릅니다. 개체로 드러났다고 해서 그것이 다른 개체와 분리되어 독립된 상태로 있다는 말은 아닙니다. 바라드에게 개체는 '행위적 실재'입니다. 행위적 실재가 무엇인지 더 알려면 먼저 얽힘, 내부-작용, 현상 개념을 알아야 할 것입니다.

얽힘, 내부-작용, 현상

먼저, 얽힘에 대해서 살펴보겠습니다. 존재하는 모든 것은 고정되어 있지 않습니다. 유동적이라는 것이지요. 그렇다고 해서 분리되는 것도 아닙니다. 분리가 불가능한, 얽혀 있는 상태라는 것입니다. 정리하자면 여기서 말하는 얽힘이란 독립된 사물들이 서로 뒤엉켜 있다는 말이 아니라, 서로 부족한 채로 얽혀서 연결되어 있다는 말로 이해해야 합니다. 서로 의존적이라는 말이지요. 그래서 분리가 불가능합니다.

바라드는 이런 얽힘 과정을 설명하기 위해 내부-작용 intra-action이라는 신조어를 발명해 냅니다. 이 개념은 독립적인 개체들 간의 '상호 작용'과는 대비되는 것입니다. 내부-작용은 아직 개체로 드러나지 않은 상태, 즉 유동적인 요소들의 작용입니다. 아직 무엇도 되지 않은 채로 얽혀 있는 비결정 상태이며, 이 상태에서 일어나는 행위 요소들의 작용입니다.

우리가 '개체'라고 부르는 것들은 그렇게 얽혀 있는 비결정 상태의 행위 요소들의 내부 작용을 통해 비로소 출현하게 됩니다. 내부-작용은 '간-행'으로도 번역됩니다. intra를 간間으로 본 것은 행위 요소들의 유동성을 강조하기 위해서입니다. 바라드는 얽혀 있으되 분리되지 않은 유동적인 상태를 앞서 말했듯이 현상이라고 합니다. 행위 요소들이 아무것도 결정되지 않은 상태에서 역동적으로 움직이는 상태인 것이죠. 그러니까 특정한 개체 상태 이전에 아직 '무엇'이라고 말할 수 없는 비결정 상태로 얽혀 있는 근원적인 상태가 현상이라면, 그 안의 행위 요소들의 움직임이 내부-작용인 것이죠.

예를 들어 보겠습니다. 물이 끓고 있습니다. 보글보글 끓어오른 이 물은 곧 커피잔으로 옮겨질 것입니다. 물이 보글거리는 것을 얽힘, 끓어오르는 것을 내부-작용이라고 할 수 있겠습니다. 바라드에겐 현상이야말로 가장 기본적인 존재론적 단위인 것입니다. 내부-작용을 하는 행위 요소들의 존재론적 분리 불가능성과 얽힘 자체가 바로 현상이지요. 바라드가 말하는 현상은 그동안 철학에서 말해 온 이미지로서 현상과는 전혀 다르다는 사실을 알 수 있을 것입니다. 근대인들은 현상을 우리의 감각기관으로 지각된 이미지로 보았으니까요.

바라드는 신유물론자로서 윤리학에도 관심이 많습니다. 이런 관심 속에서 만든 대표적인 개념이 '행위적 절단'과 '물질–담론적 실천'입니다. 어떤 내용인지 살펴보겠습니다.

바라드는 자신의 책 《우주와 중간에서 만나기*Meeting the Universe Halfway*》에서 거미불가사리를 이야기합니다. 거미불가사리는 불가사리의 일종입니다. 매우 특이한 몸을 가지고 있는데, 뇌도 없고 눈이라고 부를 만한 시각 기관도 따로 없습니다. 거미불가사리는 온몸이 눈이라고 합니다. 골격계 자체가 시각계로 작동한다는 것이지요. 거미불가사리는 바다에 살면서 자신의 몸을 새롭게 만들어 간다고 합니다. 빛에 반응해서 몸 색을 바꾸기도 하고, 위급한 상황에서는 몸 일부를 끊어 내고 도망치기도 합니다. 나중에 그 부위를 다시 만들어 내고요. 거미불가사리의 몸은 지금도 환경과의 내부–작용으로 변신하는 과정에 있을 것입니다.

행위적 절단

바라드가 거미불가사리를 행위 요소가 아닌 '행위성'이라고 말하는 이유는, 복잡하게 얽혀 있는 비결정 상태에 있기 때문입니다. 거미불가사리는 자신을 잡아먹으려는 물고기 앞에 있습니다. 이 위급한 상황에서 벗어나기 위해 어떻게든 결정을 해야 할 것입니다. 결정할 수 있다는 것은 행위성을 갖고 있다는 말입니다. 그러므로 행위성이란 얽힘의 관계에서 내부-작용을 통해 나타나는 것입니다.

거미불가사리는 자신의 포식자 앞에서 발 하나를 끊어내는 '결단'을 내립니다. 이제 거미불가사리의 몸은 결단 이전의 몸과 달라졌습니다. 즉 이전과 다른 몸으로 생성된 것입니다. 바라드는 이런 결단을 '행위적 절단'이라고 합니다. 바라드의 윤리학에서 행위적 절단은 매우 중요한 개념입니다.

거미불가사리의 예에서 알 수 있듯이 바라드는 아는 것과 존재하는 것, 윤리가 분리할 수 없게 얽혀 있다고 말합니다. 포식자 앞에서 다리를 끊어 내는 거미불가사리를 보면서 거미불가사리의 몸이 절단의 방식으로 경계를 새롭게 만들어 가는 것을 알 수 있습니다.

거미불가사리는 외부 위협에 스스로 몸의 일부를 절단함으로써 자신을 변형합니다. 이를 통해 바라드는 거미불가사리의 몸을 비롯한 몸들은 다양한 관계의 집합이라고 말하는 것입니다.

다른 예를 들어 보겠습니다. 어떤 조직이 있다고 합시다. 그 조직의 구성원들은 다양한 이해관계로 얽혀 있습니다. 때로 조직의 정체성이 위협받을 때, 위협의 대상이 되는 구성원을 내보내기도 합니다. 이처럼 몸은 몸을 이루는 내부 환경을 가지고 있습니다.

몸과 주변 환경은 서로의 내부 환경을 통해 변형되어 가는 것이죠. 몸과 환경이 분리되어, 몸이 환경 안에 있는 것이 아닙니다. 거미불가사리뿐 아니라 인간의 몸도 마찬가지로 내부 환경을 가집니다.

물질-담론적 실천

앞에서 행위적 절단이 바라드의 윤리학에서 매우 중요한 개념이라고 말했습니다. 그렇다면 그 '절단'의 순간이 윤리적일 수 있는 이유를 말해야 할 것 같습니다. 먼저 행위적 절단을 위해서는 '물질-담론적 실천'이 있어야 합니다.

거미불가사리는 포식자 앞에서 몸 자르기라는 결단을 내렸는데, 바로 이런 상황을 물질-담론적 실천이라고 합니다. 다시 말해 물질-담론적 실천이란 거미불가사리와 거미불가사리의 포식자가 맞닥뜨린 현상을 표현한 것입니다. 이 상황에서 거미불가사리는 결단을 내려야 합니다. 상황을 이해하고 아울러 무엇을 할지 결정해야 하는 것이지요. 거미불가사리가 다리를 끊어 낸 것이 '윤리적인' 이유는 그것이 무엇인가를 배제하고 제외하는 일이기 때문입니다.

예를 들어, 바다에서 물놀이를 하던 사람들이 거세게 몰아친 파도 때문에 물에 빠졌습니다. 이때 안전요원들은 최대한 빨리 판단을 내려야 합니다. 누구를 먼저 구해야 할까요? 누군가를 먼저 구한다는 것은 다른 누군가는 우선순위에서 배제된다는 말입니다. 순간적인 판단이지만, 반드시 윤리적인 책임이 따르기 마련이지요. 여기에는 휴양객, 안전요원, 바다 등의 상황이 전체로 묶여 있습니다. 판단과 선택은 윤리적인 절단인 것이지요.

예를 더 들어 보겠습니다. 바라드가 제시한 사례이기도 합니다. 산부인과에서 초음파 검사를 하는 산모가 있습니다. 오늘날 태아의 실존을 결정하는 데 큰 영향을 끼치는 것이 초음파 기계지요. 바라드는 초음파 기계와 산모, 태아, 의사 그리고 임신중단을 바라보는 법의 시각 등 태아를 둘러싼 모든 상황을 봅니다. 이 모든 것은 분리된 사물들의 집합이 아닙니다. 하지만 아무것도 결정되지 않은 상태에 있습니다.

그런데 만약 임신중단을 한다면 어떨까요. 태아는 초음파 검사와 초음파 기계와 병원, 관습 등과 함께 내부-작용을 통해 생성되는 행위성인 것이지요. 초음파 기계가 있어서 초음파 검사를 하는 것이 아니라, 몸의 내부를 들여다보려는 행위가 초음파 기계를 가능하게 한 것이고, 이 초음파 기계로 인해 태아에 관한 임신중단 논란이 발생하게 되는 것입니다.

초음파 기계는 태아를 태아로 규정하는 데 참여합니다. 행위성은 참여하는 힘이 있기에 가능합니다. 이 힘들을 행위 역량이라고 합니다. 모든 행위 역량이 초음파 검사, 초음파 기계라는 행위성으로 나타나는 것입니다.

초음파 검사 결과를 보고 산모와 의사가 어떤 결정을 내린다면, 그것이 바로 행위적 절단이며, 그 자체는 이미 윤리적 책임을 요구하는 윤리적 행동이 되는 것입니다. 여기서는 전적으로 산모의 책임이라거나, 의사의 책임이라거나 하며 책임이 전가되지 않습니다. 산모와 의사뿐 아니라 임신중단을 바라보는 관습과 법, 임신중단에 쓰이는 의술과 기계 모두 분리될 수 없는 집합체입니다. 이런 집합체 안에서의 행위들은 예기치 못한 새로운 현상들을 야기하기도 합니다.

예를 들어 임신중단을 결정할 경우, 그 결정을 하게 되기까지 그 속에서 행위 역량들 간에 어떤 작용이 있다는 것이지요. 바라드는 내부–작용이, 행위 역량으로 나타난 개체들에게 내재되어 있는 것이 아니라, 생성되는 것이라고 강조합니다. 일례로 태아의 상태를 검사하는 데 초음파 기계만을 사용해야 할까요? 옛 사람들은 태아의 성별을 산모의 뒤태를 보고 알았다고 합니다. 만일 태아의 성별이 중요하지 않았다면 산부인과의 초음파 기계는 다른 검사를 하고 있을 것입니다.

임신중단이라는 사건 혹은 상황을 내부–작용이라고 한다면, 이 내부–작용은 수많은 행위로 인해 일어난 것입니다. 그 행위들이란 산모, 의사, 초음파 기계 등이고 이들 간의 관계에서 어떤 것이 선택되고 배제되고 제거되었기 때문에, 산모는 더는 임신중단에 대한 책임을 지지 않아도 됩니다. 특히 물질은 내부–작용으로 인해 생성되는 것으로, 세계를 역동적으로 표현하고 차이를 드러냅니다. 이 사례에서 물질은 태아, 의사, 산모, 초음파 기계 모두를 이릅니다.

바닷가 휴양객 구출 장면과 산부인과에서의 임신중단 상황을 예로 들었습니다. 우리는 내부–작용의 결과에 대해 예측할 수는 있으나, 그 예측을 결정적인 것으로 받아들일 수는 없습니다. 결과가 결정되어 있지 않다는 말은, 어떤 하나가 원인이 되어 변하지 않는 하나의 결과로 나타나지 않는다는 뜻입니다. 초음파 기계로 진단 후 임신중단이라는 결과로 이어지는 과정은 산모와 초음파 기계의 상호 작용이 아닙니다. 초음파 기계로 진단한 결과, 아이가 어떤 병을 갖고 있어서 혹은 남아선호사상이 지배적인 곳에서는 여아라서 임신 중단을 할 수도 있는데, 만일 초음파 기계가 없었다면 그런 일은 일어나지 않았을 것입니다. 하지만 임신중단은 산모의 결정이 아니라 그것을 가능하게 한 상황이 만들어 낸 일이지요. 앞서 설명했듯이 산모와 초음파 기계의 관계는 임신중단이라는 상황을 드러내는 내부–작용일 뿐입니다.

우리는 흔히 물질, 담론, 의미를 전혀 다른 차원의 문제로 생각합니다. 마치 자연과 문화를 대립된 개념으로 보듯이 말이지요. 하지만 신유물론에서는 자연과 문화를 분리하지 않습니다. 물질과 담론, 의미 또한 분리되지 않고 얽혀 있다고 봅니다.

특히 얽힘은 신유물론자들이 자연 대 문화, 인간 대 자연이라는 이분법의 구조를 해체하고 받아들이는 공통된 존재 방식입니다. 근대는 자연을 인간으로부터 분리시켰고, 인간에 의해 인위적으로 만들어진 삶의 영역을 문화라고 명명했습니다. 그래서 자연과 문화, 인간과 자연은 객관적으로 분리되있습니다.

신유물론이 새로운 물질주의라 하더라도, 정신과 물질을 대립시키는 이분법 안에서 신유물론을 이해해서는 안 됩니다. 바라드를 비롯한 신유물론자들이 추구하는 것은 자연과 문화 중 어느 것을 더 우선시할 것이냐의 문제가 아니기

때문입니다. 거듭 말하지만, 신유물론에서 물질의 '활력'은
물질의 바깥이 아닌, 물질 안에서 발견합니다. 즉, 물질 안에
움직이는 힘이 있다는 것이지요.

회절적 방법론

바라드는 이론물리학으로 박사 학위를 받은 과학 연구
자입니다. 이런 이력이 다른 신유물론자와 다른 점을 만들어
냅니다. 양자물리학의 주요 개념으로 신유물론을 설명하는
것에서 알 수 있지요. 특히 바라드는 물질과 의미의 얽힘을
행위적 실재론으로 제안합니다.

먼저 바라드가 얽힘을 설명하기 위해 제안한 개념이 '**회
절**回折'입니다. 바라드는 회절을 동료이자 친구인 해러웨이에
게서 가져왔다고 밝혔습니다.

사실 이 개념은 양자물리학의 이중슬릿 실험에서 나온
것입니다. 빛이 슬릿slit, 즉 구멍을 통과하거나 구멍의 가장자
리를 지날 때 회절 현상이 나타납니다.

회절

파동이 장애물을 만나면 반사, 굴절 그리고 회절 3가지 현상이 발생하
는데, 회절은 직진하던 파동이 장애물의 가장자리에서 휘어져 나오는
현상이다. 벽 너머의 소리를 들을 수 있는 것도 회절이 일어나기 때문
이다.

바라드는 이 회절 개념을 자신의 철학 개념에 도입해 '회절적 방법론'을 제시합니다. 회절적 방법론은 '반영주의' 혹은 '재현주의'와 비교되는 개념입니다. 회절적 방법론에서는 반복이나 재현이 없습니다. 매 순간 새로운 행위성을 나타내기 때문이지요. 반영주의 혹은 재현주의는 원본이 있고, 그 원본이 복사되는 것을 말한다는 점에서 회절적 방법론과 차이가 있습니다. 반영과 재현은 일종의 '거울' 현상으로 보면 되겠습니다.

지금까지 살펴본 것처럼, 세상의 현상은 모두 내부-작용을 하는 얽힘 관계에 있습니다. 근대의 이분법 구조는 주체와 객체, 인식 주관과 인식 대상을 분명하게 구별합니다. 하지만 바라드가 말하는 얽힘의 관계로 나타나는 세계의 존재들 사이에는 그런 구별이 없습니다. 존재하는 것들은 미리 존재하거나 고정된 것이 아닙니다. 서로 얽혀 있는 내부-작용을 통해서 비로소 새롭게 만들어지고 생성되는 것입니다. 바라드는 회절적 방법론으로 인식론과 존재론, 주체와 객체, 자연과 문화, 인간과 비인간, 유기체와 비유기체들은 본질적으로 분리할 수 없지만, '경계' 만들기를 반복해서 차이를 형성한다고 말합니다. 그리고 무엇보다 '차이들'의 얽힘 관계에 주의를 기울입니다.

해러웨이에 따르면 "회절의 패턴은 상호 작용, 상호 간섭, 상호 증강, 상호 차이의 역사를 기록"[13]합니다. 이를테면 다양한 관계에서 생성되는 많은 것은, 시간의 흐름 속에서 쌓인 결과물입니다. 시간이 흐르면서 쌓인 것이기에 더욱 단단해진다는 것이지요. 단단해진다는 것이 고정된다는 의미는 아닙니다. 단단해진 만큼 새로운 관계로 더 쉽게 이행할 수 있는 것입니다.

회절적 방법론은 작은 차이들에 주목합니다. 특히 '얽힘' 속에 있는 행위성들의 미세한 움직임과 변화를 살펴보고, 윤리적 절단에 주의를 기울입니다. 바라드가 회절적 방법론으로 차이를 드러내는 것에 집중하는 이유는, 차이를 드러낸다는 것은 무엇이 배제되고 제거되는지를 확인시켜 줌으로써 그런 행위에 책임을 지게 하기 때문입니다.

바라드에게 회절적 얽힘이란 서로 책임을 지고 지우는 관계입니다. 얽힘을 회절의 측면에서 읽어 낸다는 것은 무엇이 배제되었고, 무엇이 중요하게 다루어져 왔는지 통찰할 수 있게 합니다. 그러므로 회절적 방법론은 존재론의 문제이자 윤리의 문제, 그리고 인식론의 문제까지 다 포함할 수 있습니다.

우리가 무엇인가를 인식한다는 것은 관념의 문제가 아닙니다. 물질들의 관계에 직접 참여함으로써 무엇인가를 인식한다는 것이 무엇인지 이해할 수 있습니다. 지금까지 회절적 방법론이 왜 윤리적이고 인식론적이며 존재론적인지 이야기했습니다. 얽힘의 모든 관계가 현상이라면, 현상 자체를 바라보는 능력을 키우는 것이 결국 '응답 능력'을 키우는 것이며, 이것이 책임을 지는 윤리적 태도라고 보아야겠습니다.

바라드는 응답과 책임의 문제를 페미니즘 관점에서 접근합니다. 《우주와 중간에서 만나기》에서 주체와 객체의 얽힘을 책임의 문제로 설명합니다. 우리가 무엇인가에 대해 책임을 진다는 것은 존재들에게 귀를 기울이는 행위에서 출발합니다. 책임과 윤리는 타자의 응답에 귀 기울이는 것에서 출발하는 것이지요. 바라드는 이런 시각이 페미니즘이 확장된 결과라고 봅니다.

응답 능력

바라드는 한 인터뷰에서 물질에 대한 신유물론의 접근은 여성이나 민중에 대한 새로운 접근을 가능하게 하기 때문에 페미니즘적 기획이라고 말했습니다.[14] 물질의 능동적 행위성은 몸의 능동성을 강조하는 것과 같습니다. 이런 의미에서 바라드의 신유물론은 신유물론적 페미니즘이기도 합니다. 신유물론적 페미니즘은 근대 서구 사회가 정신과 물질, 남성과 여성, 자연과 문화로 이분되어 있음을 비판합니다.

물질에 대한 새로운 사유는 페미니즘의 주장과 맥을 같이할 수밖에 없습니다. 페미니즘은 여성 문제만이 아니라 배제되어 왔던 다른 한 축에 대한 권리를 회복하려는 움직임인 동시에, 주체라고 여기던 것들이 환상임을 일깨워 줍니다. 그러니까 페미니즘은 배제되었던 모든 것에 관한 이야기라고 하는 것이 좋겠습니다. 단적으로 말하자면 물질들의 이야기고요. 그리고 이 물질들은 더는 수동적인 것으로 머물지 않습니다.

자기-만짐

바라드에 따르면 타자에게 응답하는 것은 윤리적 문제입니다. 응답한다는 것은 타자의 존재를 인정한다는 뜻이기 때문입니다. 타자는 자아에 대립해서 존재하는 독립적인 실체가 아닙니다. 그것은 또 다른 나입니다. 바라드는 자기 몸을 만짐으로써 타자를 경험합니다. 몸은 나와 타자들, 자연과 문화, 그리고 과거-현재-미래가 얽힌 행위적 실재이며, 윤리와 정치의 근원이 됩니다. 자기-만짐은 응답의 문제입니다.

우리가 자기-만짐을 통해 책임질 타자에는 비인간 존재도 포함됩니다. 자기-만짐의 행위적 주체는 몸을 가진 존재입니다. 우리는 배가 고프면 먹어야 하고, 추우면 덮을 것이 필요합니다. 이처럼 몸의 소리에 귀를 기울이면 몸이 얼마나 취약한지 깨닫게 됩니다. 몸이 얼마나 취약한지 알게 되는 것은 타자를 이해하는 것과 같습니다. 나의 몸을 책임진다는 것은 타자를 책임지는 것과 같다는 말이 됩니다.

그뿐이 아닙니다. 몸은 과거와 현재와 미래의 얽힘 속에 있기 때문에 현재를 살아가는 이들 외에 이미 죽거나 아직 태어나지 않은 이들과의 관계마저도 책임을 져야 하는 것이지요. 자기-만짐은 타자와의 만남과 다르지 않습니다. 만난다는 것은 '접촉'한다는 뜻입니다.

만남이 물질의 특성입니다. 물질은 만남의 결과인 것이지요. 그래서 아주 작은 물질이라도 그것은 '다수'입니다. 왜냐하면 개체는 언제나 모든 타자와의 내부-작용을 포함하고 있기 때문입니다. 바라드는 자기-만짐의 과정에서 만나는 타자를 인간 존재로 한정하지 않습니다. 모든 존재는 자기-만짐이라는 행위로 자신의 실재를 드러냅니다. 자기-만짐은 관계 맺음의 방식입니다.

바라드의 이런 주장은 행위적 실재론에서 분명히 드러납니다. 행위적 실재론은 지금까지 설명한 것들을 종합적으로 설명해 주는 존재론입니다. 행위자는 행위함으로써 실재한다는 말이 되겠습니다.

관계 맺음은 몸과 몸들 간의 방식이지만, 바라드는 특히 세계(몸과 몸들의 관계가 확장하면 세계가 된다) 속에서 반복해서 일어나는 내부-작용을 통해 모든 관계가 물질화된다는 것을 분명히 합니다. 그렇기 때문에 물질은 얽힘으로 존재하게 되는 것입니다. 바라드에게 행위적 실재론이 윤리적일 수 있는 것은 행위자들의 응답 능력 때문입니다.

바라드는 감정이나 욕망이 인간만의 능력은 아니라고 말합니다. 바라드는 "물질도 느끼고, 대화를 나누며, 겪고, 욕망하고, 갈망하며, 기억한다"고 말합니다.[15] 물질의 활력을 에로스적 욕망과 물질의 생명력과 관련 짓기 때문에, 물질의 활력을 페미니즘적 기획으로 봅니다. 에로스적 욕망과 물질의 생명력은 배제된 타자를 회복하는 일이기 때문이지요. 페미니즘은 타자에 대한 사유니까요. 바라드의 타자는 여성을 비롯해 존재하는 모든 것, 즉 인간과 비인간을 다 포함합니다.

3장.   왜
        지금일까

신유물론은 최근 몇 년 사이에 학계의 중요한 문제로 떠올랐습니다. 근대 철학의 기반인 이분법 구조를 직접적으로 문제 삼고, 물질에 대해서도 다시 사유함으로써 새로운 패러다임을 제시하고 있습니다.

하지만 물질에 대한 편견이 아직까지 우리를 감싸고 있습니다. 물질은 어떠한 능동적인 힘도 가지지 않는다고 여겨, 물질에 대해 고려하지 않습니다. 물질, 자연, 타자를 대하는 태도가 폭력적이었는데도 전혀 그 사실을 인지하지 못하고 있습니다. 그 결과 기후위기 같은 구체적이고 심각한 문제들이 발생했습니다.

이제 우리는 '과연 이전으로 돌아갈 수 있을까?'라는 물음 앞에 섰습니다. 위기를 실감한 것이지요. 그러면서 알게 되었습니다. 물질이 그동안 우리가 알던 그 물질이 아니라는 것을요. 그런데 기후위기는 물질의 능동성을 인정할 수밖에 없는 상황으로 우리를 이끌었습니다. 기후위기는 인간 등의 특정 존재에만 해당하는 문제가 아니라 지구에 있는 모든 존재에 영향을 미치는 보편적 문제가 된 것입니다. 기후위기 문제를 해결하려는 과정에서 물질에 대해서도 다시 생각하기 시작했습니다.

　신유물론은 개별적이고 사소한 것이라 여기던 모든 것에 다시 관심을 기울일 기회를 줍니다. 나는 누구와 어떻게 연결된 존재인가, 타자와 관계 맺는 방식은 올바른가 등등의 문제와 연결되어 새로운 학문의 경향으로 급부상하고 있습니다.

임박한
종말

산업화가 진행되면서부터 기후위기는 이미 예견되었습니다. 자본주의 시스템에, 우려와 염려가 힘없이 묻혔을 뿐이지요. 그런데 2019년 3월, 스웨덴의 청소년 기후 활동가 그레타 툰베리를 필두로 125개국 100만 명이 넘는 청소년들이 '기후 파업'을 벌입니다. 기후위기가 인간들 간의 불평등을 더 심화시킨다, 기후위기는 누구의 책임이냐고 한숨을 쉬면서도 안일하게 손을 놓고 있는 사이에 지구는 급속도로 종말을 향해 내달리고 있었습니다. 지구의 고통스러워하는 신음소리를 여전히 듣지 못하고 있었던 것이지요. 하지만 젊은 세대들은 달랐습니다. 지구의 소리에 귀를 기울이고 거리로 뛰쳐나온 것입니다. 그제야 기성 세대들도 사태의 심각성을 인식하기 시작했습니다.

이런 와중에도 한편에선 여전히 기술낙관주의가 기세를 꺾지 않았습니다. 기술로 모든 것을 이겨 낼 수 있다고 굳건히 믿는 기술낙관주의는 사태의 심각성을 가립니다. 더욱

이 인간은 역경을 이겨 내고 승리하는 휴먼 드라마에 익숙합니다. 자연의 대재앙 앞에서도 버티고 이겨 낼 수 있으리라는 신화를 놓지 못한 것이지요.

영화 〈돈 룩 업〉은 지구에 행성이 곧 충돌해 인류가 멸종할 상황에서도 한심하게 대응하는 인간 군상을 보여 주는 블랙 코미디입니다. 이를테면 행성이 떨어지는 하늘을 올려다보지 말라는 정치인이 그 한 예입니다. 기후위기에 대처하는 우리 모습도 이와 그다지 다르지 않아 보입니다. 어떤 사안이건 경제 논리로 따져 판단하고, '성장'에 대한 열망 역시 버리고 있지 못하니까요.

〈돈 룩 업〉의 마지막 장면이 인상 깊었습니다. 더는 도망 갈 곳이 없다는 사실을 안 몇몇의 사람은 음식을 나누며 마지막 순간을 맞습니다. 죽음의 순간에 우리가 할 수 있는 것은 함께 음식을 나누며 서로를 위로하는 일 외에는 없을지 모릅니다.

음식을 나눈다는 것에는 매우 중요한 의미가 있습니다. 우리는 먹지 않으면 살 수 없는 존재입니다. 먹는다는 것은 연결되고 있다는 의미입니다. 어떻게 먹는가가 중요하겠지요. 인간이 최상위 포식자여서는 안 됩니다. 하지만 인간은 자신들을 생태계의 최상위 포식자로 만들어 버렸습니다. 인간도 무엇인가에 잡아먹힌다는 사실을 감안하면, 생태계 구조를 왜곡한 것이지요.

제임스 러브록은 《가이아*Gaia*》에서 지구가 더는 수동적인 존재가 아니라고 말합니다. 자연은 이미 오래전부터 목소리를 내고 있었습니다. 때로는 가뭄으로, 때로는 전염병으로 고통을 호소해 왔지요. 하지만 인간은 마치 듣지 못하는 귀를 가진 듯 무심하기만 했습니다. 그러다 극심한 가뭄, 더위, 홍수 등 기후위기로 인한 피해를 목도하고 직접 겪으면서 자연과의 소통에 눈을 돌리고 있습니다. 자연이 더는 인간의 통제 아래 있지 않다는 사실을 깨닫고 있습니다. 그리고 물질의 활력과 능동성을 발견하고 관심을 기울이기 시작했습니다. 이것이 지금 신유물론이 등장한 배경입니다.

자연을
지배할 수 없다

위기는 미래의 일이 아니라 현실이 되었고, 우리가 살아
가는 이 시대를 인류세라고 부르기 시작했습니다. 비록 국제
지질학연합에서 공식 도입을 하지는 않았지만, 인류세는 여
전히 인간이 지구 환경에 악영향을 끼치고 있음을 반성하게
합니다.

어떤 학자들은 농업혁명 직후를 인류세로 보고, 어떤 학
자들은 산업혁명 직후로 보기도 합니다. 어떤 이들은 핵무기
를 처음 쓴 1945년부터로 보기도 하지요. 어느 시기라고 못
박지 않더라도 인류세가 무엇을 의미하지는 분명합니다. 인
간이 과학과 기술의 힘으로 자연을 통제할 수 있다는 믿음이
생겨난 때를 인류세의 시작이라고 본다는 것입니다.

1945년은 지구에 원자폭탄이라는 핵무기가 처음 사용
된 해입니다. 미국은 1945년 8월, 일본에 두 개를 투하함으로
써 2차 대전에 마침표를 찍습니다. 원자폭탄은 인간이 지구
에 가할 수 있는 가장 폭력적인 힘을 보여 주었지요. 그것이

궁극적으로 의미하는 바는 '종말'입니다. 이런 배경에서 원자폭탄이 투하된 1945년을 인류세의 시작으로 보는 시각이 있는 것이지요.

인간과 자연의 조화로운 삶이 깨진 것은 자연의 변덕 때문이 아닙니다. 자연은 더는 버틸 수 없어 고통을 내질렀을 뿐입니다.

한편, 인류세라는 용어마저 여전히 인간 중심적이라는 비판도 있습니다. 해러웨이가 툴루세를 주장한 이유입니다. 이처럼 지질시대 명칭에 대해 의견이 분분한 이유는 비인간 존재의 지위와 관련이 있습니다. 인류세의 원인은 인간이지만, 그렇다고 해서 인간이 모든 책임을 질 '권리'를 부여받는 것은 아니기 때문이지요. 책임을 진다는 것과 책임에 대한 '권리 주체'가 된다는 것을 같은 의미로 받아들여서는 안 되겠습니다.

생태계를 위태롭게 한 인간 자신이 그 책임의 범위를 결정할 수는 없습니다. 그렇다고 해서 요즘 거론되는 자본세로 명명하는 것에 동의하기도 어렵습니다. 왜냐하면 자본세는 기후위기의 책임을 자본주의에 돌림으로써 인간 책임론이 사라질 수 있기 때문입니다. 흔히 죄는 미워하되 인간은 미워하지 말라고 합니다. 하지만 그 죄를 누가 지은 것인가는 생각하지 않으면 안 됩니다.

　인간이 지구에 미치는 영향이 커 인류세라는 말까지 나오는 이 시대에, 신유물론은 자연을 비롯한 물질과 비인간 존재들을 새롭게 바라볼 기회를 준다는 점에서 특히 주목을 받고 있습니다. 이런 태도는 사회, 문화, 정치 영역으로 확장되어 적용되고 있습니다. 이는 인간 중심적인 태도에 대한 일련의 반성과 비인간 존재의 능동성을 인지하게 된 효과라고 하겠습니다.

이분법의
문제들

신유물론이 이분법을 거부하는 것은 이분법 자체가 불평등을 조장하는 조건이기 때문입니다. 주체가 있다면 대상화되는 객체가 있기 마련입니다. 문제는 누구든 주체가 되려하지 객체 혹은 타자가 되고 싶어 하지 않는다는 것이지요. 타자 혹은 객체가 된다는 것의 의미를 우리는 너무나 잘 알고 있기 때문입니다.

주체는 다른 존재를 판단하곤 합니다. 이때 판단당하는 존재는 더는 주체가 아닙니다. 객체 혹은 대상이 되지요. 그러나 주체와 객체 혹은 대상이라는 이분법이 지금과 같은 기후위기를 초래했기 때문에 이제 이분법의 폐기 없이 삶의 지속을 꿈꿀 수 없게 되었습니다.

신유물론은 이분법이 가진 문제점을 드러내고, 동시에 수동적이고 대상화된 물질에 대해 다시 사유합니다. 그러니까 물질이 더는 수동적이거나 대상으로만 존재하지 않는다는 것이지요. 오히려 물질은 생성하고 변화하는 능력을 가지고 있습니다. 물질은 생성과 변화라는 '목적'이나 '의지'에는 관심이 없습니다.

이분법은 주체들끼리 갈등하고 투쟁하게 합니다. 누구나 타자 혹은 객체가 되고 싶지 않아서 상대방이 주체성을 가지는 것을 거부하기 때문이지요. 신유물론은 이런 이분법을 해체하고, 물질의 능동성을 발견함으로써 연대와 협력을 가능하게 합니다.

거듭 말했듯이 페미니즘과 신유물론은 밀접합니다. 그동안 여성은 수동적인 물질과 자연에 비유되곤 했는데, 이런 시각에 문제 제기를 한 것이 신유물론이기 때문입니다. 오랫동안 여성은 불완전한 인간, 수동적인 인간, 이성적 판단을 내릴 수 없는 존재로 규정되어 왔습니다. 신유물론은 남성 대 여성이라는 이분법의 경계도 해체합니다.

어쩌면 신유물론은 페미니즘을 거쳐 지금에 이른 것일지 모르겠습니다. 페미니즘은 자연, 물질, 타자 등에 관한 문제를 줄곧 제기해 왔으니까요.

지금 전 세계를 고민에 빠뜨린 기후위기는 우리가 타자임을 부정해 나타난 현상일 것입니다. 우리는 자연이고, 물질이고, 타자입니다. 앞서 말했듯이 페미니즘은 아주 오랫동안 자연, 물질, 타자의 목소리에 귀를 기울여 왔습니다. 이런 점

에서 신유물론은 페미니즘이 확장된 결과라고 해도 과언이
아니겠습니다.

새로운 관점이
필요하다

오늘 행복하다면 삶의 방식을 바꿀 이유는 없습니다. 늘 그래 왔듯이 살아가면 되니까요. 하지만 우리는 분명 무엇인가가 잘못되어 가고 있다고 느끼고 있습니다. 평화를 꿈꾸지만 전쟁은 늘 일어나고, 자유를 노래하지만 억압에서 벗어나지 못합니다. 사랑의 얼굴로 자행되는 폭력을 보는 일은 이제 너무나 흔해졌습니다.

신유물론은 이 모든 문제의 근본적인 원인을 근대의 이분법과 이성 중심의 인식론에서 찾습니다. 이성을 가지고 있다는 것은 옳고 그름을 판단할 능력을 가지고 있다는 뜻입니다. 인간만이 이성적 능력을 가지고 있으니, 인간 이외의 존재들은 인간의 판단에 따라 운명이 결정됩니다.

그런데 이성을 모든 인간이 똑같이 발휘하는 것은 아닙니다. 그래서 더 이성적인 사람이 덜 이성적인 사람을 보호하거나 통제합니다. 그래야만 사회 질서가 유지되고 안정된다고 여겼습니다. 이런 생각은 인간들 간의 차별도 당연시했습니다.

신유물론은 우리가 자연과 연결되어 있음을 잊은, 편협한 인간이라는 사실을 깨닫게 해 줍니다. 생각을 전환할 기회를 주지요. 먼저, 인간은 이성적인 존재가 아니라 몸적 존재라고 말합니다. 데카르트는 인간의 몸은 기계와 같아서 이성의 힘이 미치지 않으면 자동인형과 같다고 깎아내렸지요. 하지만 우리가 몸적 존재라는 생각에 이르면, 몸은 이성처럼 능동적인 힘을 가지게 됩니다. 이런 생각의 전환은 세계를 바라보는 시각 또한 바꾸어 놓습니다.

세상은 더는 이성의 통제를 받지 않고, 인간만이 특별한 권리를 가지는 존재도 아닙니다. 세계는 더는 수직적이지 않습니다. 세계는 여러 갈래의 복잡한 연결망으로 이어져 있습니다. 그러므로 이제 우리는 인간이 가진 특별한 권리를 내려놓지 않으면 안 됩니다. 인간 자신을 위해서라도 그래야 합니다.

오랫동안 철학은 이성의 역할과 이성을 가진 인간에게만 집중했습니다. 인간과 비인간의 경계는 갈등과 위계를 만들어 냈습니다. 신유물론은 이런 철학의 근원적인 문제를 재

검토합니다. 어쩌면 그것은 존재에 대해 다시 묻는 행위일지
모르겠습니다.

코로나 팬데믹과 기후위기 현상들을 목도하면서 인류는 이제야 '종말'이란 단어를 떠올리기 시작했습니다. 연일 지구가 뜨거워져 북극곰마저 살아갈 곳을 잃고 있다는 뉴스도 들립니다. 신유물론의 등장은 이런 지구의 위기와 맞물려 있습니다. 학문은 더는 상아탑 안에서 고고하게 관조만 할 수 없게 되었습니다.

신유물론은 정말 대안이 될 수 있을까요? 지금 우리는 정답이 아니라 해법을 찾아가는 중이라고 말하는 것이 더 옳겠습니다. 그 과정에서 타자를 이해한다는 것, 또 함께 만들어 간다는 것이 무엇인지를 알게 될 것입니다.

신유물론은 하나로 정리하기 어렵습니다. 신유물론자들의 이론 역시 그렇습니다. 이 책에서는 대표적인 신유물론자인 라투르, 브라이도티, 베넷, 해러웨이, 바라드만 조명했습니다.

신유물론자들이 무엇을 주장하는지는 분명합니다. 세

가지로 압축할 수 있겠습니다. 신유물론자들은 첫 번째, 세계를 이분법으로 바라보는 시각을 거부합니다. 두 번째, 실체 개념을 거부합니다. 실체란 변하지 않으며 다른 것에 의존하지 않는 독립적인 개체를 의미합니다. 세 번째, 물질은 실체가 아닌 '얽힘'의 관계로 생성된다고 봅니다.

신유물론은 인간과 비인간은 일방적인 관계가 아니라 서로 영향을 주고받는다는 사실을 깨닫게 해 주었습니다. 또한 그동안 인간이 세계에서 어떤 위치를 차지하고 있었는지 알려 주었지요. 미래는 오늘의 우리가 열어 갑니다. 이제 타자에게 귀 기울이고, 서로 영향을 주고받는 관계를 맺기 위해 최선을 다한다면 우리는 '오늘'을 살아갈 수 있습니다. 오늘을 산다면 내일도 살 수 있을 것입니다. 이것이 신유물론이 기대하는 삶일 것입니다.

주

1   라투르 외, 《인간, 사물, 동맹》, 홍성욱 엮음(이음, 2021), p. 10.

2   릭 돌피언·이리스 반 데어 튠, 《신유물론》, 박준영 옮김(교유서가, 2021), p. 23.

3   로지 브라이도티, 《변신》, 김은주 옮김(꿈꾼문고, 2020), p. 31.

4   릭 돌피언·이리스 반 데어 튠, 《신유물론》, 박준영 옮김(교유서가, 2021), p. 23.

5   로지 브라이도티, 《포스트휴먼》, 이경란 옮김(아카넷, 2015), p. 122.

6   제인 베넷, 《생동하는 물질》, 문성재 옮김(현실문화, 2020), p. 9 참고.

7   도나 해러웨이, 《해러웨이 선언문》, 황희선 옮김(책세상, 2019).

8   위의 책, p. 129.

9   위의 책, p. 271.

10   도나 해러웨이, 《트러블과 함께하기》, 최유미 옮김(마농지, 2021), p. 111.

11   주기화, 〈신유물론, 해러웨이, 퇴비주의〉, 《신유물론: 몸과 물질의 행위성》, 몸문화연구소(필로소픽, 2022), p. 209.

12 도나 해러웨이, 《트러블과 함께하기》, 최유미 옮김 (마농지, 2021), p. 8.

13 릭 돌피언·이리스 반 데어 튠, 《신유물론》, 박준영 옮김 (교유서가, 2021), p. 70.

14 위의 책, p. 82.

15 위의 책, p. 82.

이 책은 신유물론이다

초판 1쇄 발행 2024년 4월 20일

지은이 | 심귀연
펴낸곳 | (주)태학사
등록 | 제406-2020-000008호
주소 | 경기도 파주시 광인사길 217
전화 | 031-955-7580
전송 | 031-955-0910
전자우편 | thspub@daum.net
홈페이지 | www.thaehaksa.com

편집 | 조윤형 여미숙 김태훈
마케팅 | 김일신
경영지원 | 김영지

ⓒ 심귀연 2024. Printed in Korea.

값 16,800원
ISBN 979-11-6810-253-8 03100

도서출판 날은 (주)태학사의 인문·에세이 브랜드입니다.

책임편집 여미숙
디자인 이유나